NOUVEAU
GUIDE DES ÉTRANGERS
A LILLE.

NOUVEAU
GUIDE DES ÉTRANGERS
A LILLE,

ou

ÉTAT PRÉSENT DE CETTE VILLE;

Par ÉMILE DIBOS,

Officier de Grenadiers de la Garde Nationale
de Lille.

A LILLE;

Chez MALO, Libraire, rue Esquermoise,
près la grande Place, N.º 19.

A

MONSIEUR

Le Comte DE MUYSSART

DE STEENBOURG,

Chevalier de l'Ordre royal de la Légion d'honneur,

Maire de la Ville de Lille.

MONSIEUR LE COMTE,

La Ville de Lille a vu détruire ou disperser par la révolution la plupart des monuments dont elle pouvait s'honorer ; il m'a paru nécessaire de recueillir et de faire connaître aux étrangers les objets intéressans que renferme encore cette riche Cité. Cet Opuscule ne pouvait paraître sous de plus heureux auspices que les vôtres. Tout le monde sait, Monsieur LE COMTE, que vous aimez, que vous protégez les Sciences et les Arts, et que votre sollicitude s'exerce à embellir et à rendre heureuse cette Ville, qui goûte déjà les fruits de votre paternelle administration.

Je désire vivement, Monsieur LE COMTE, que cet essai, fruit de quelques mois de recherches et de vérification, puisse obtenir votre suffrage, et être agréable aux étrangers et à mes concitoyens.

Daignez agréer l'hommage du très-profond respect avec lequel j'ai l'honneur d'être,

Monsieur le Comte,

Votre très-humble et très-obéissant serviteur,

Émile DIBOS.

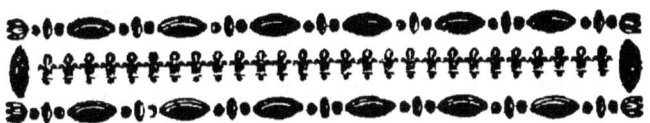

NOUVEAU
GUIDE DES ÉTRANGERS
A LILLE.

Lille, en latin, *Isla, Illa, Insula, Insulæ, Castrum Illense*, est appelée par les Flamands, Ryssel. Cette Ville est grande, bien bâtie, régulièrement percée et parfaitement fortifiée. Elle est depuis long-temps citée pour l'étendue, l'importance de son commerce, la richesse et l'industrie de ses Négocians.

Elle était autrefois capitale de la Flandre Française; elle est aujourd'hui chef-lieu du département du Nord, et se trouve enclavée dans la circonscription moderne du Diocèse de Cambrai.

C'est le chef-lieu de la 16.me Division Militaire : le Gouverneur et le Lieutenant-Général-Commandant y ont leurs hôtels. C'est la résidence d'un Préfet, d'un Lieutenant général de Police; le siège de Tribunaux de première Instance et de Commerce, ressortissans de la Cour Royale de Douai; d'un Conseil de Prud'hommes; d'une Bourse; d'une Chambre de Commerce et d'un Hôtel des Monnaies.

Elle réunit un Receveur général des Finances; des Directeurs des Contributions directes, de l'Enregistrement et des Domaines, des Impositions indirectes et un Conservateur des Hypothèques.

Elle renferme une Inspection principale avec tirage de la Loterie Royale; une Direction des Haras; la 25.ᵐᵉ Conservation forestière; un Bureau principal des Douanes et les Chefs du 39.ᵐᵉ Escadron de Gendarmerie Royale.

Cette Ville est située sur la Deûle, qui se divise en deux grands canaux appelés haute et basse Deûle. On y compte 175 rues dont plusieurs très-belles, 19 places publiques, 5 marchés, 94 cours, environ 15012 Chefs de famille, 7945 maisons. Sa population en 1806 était de 61467 ames; elle a à-peu-près deux lieues de circonférence, et une demi-lieue complette dans sa plus grande longueur.

Elle est située à 52 lieues de Paris, 20 de Bruxelles, 7 de Douai, 5 de Tournai, 3 de Roubaix et d'Armentières, 6 d'Orchies, 5 de Courtrai, 11 d'Arras, 8 de Béthune, 16 de Gand, 15 de Dunkerque, et 17 d'Ostende.

Longitude 20 degrés, 44 minutes, 16 secondes.

Latitude 50 degrés, 37 minutes, 50 secondes.

HISTOIRE ABRÉGÉE
DE LA VILLE DE LILLE.

Beaucoup d'historiens se sont égarés en recherchant l'origine de la ville de Lille. Celui qui doit en être regardé comme le vrai fondateur, est Baudouin V, comte de Flandres, surnommé *le Débonnaire*, à cause de la douceur de son Gouvernement : on l'appela aussi du nom de *Lille*, pour l'affection particulière qu'il porta au peuple de cette Ville, et les embellissemens qu'il y fit. En 1047, ce Prince l'entoura de murailles ; en 1055, il fonda la Collégiale de Saint Pierre : (1) la dédicace s'en fit en 1066, en présence de Philippe premier, Roi de France, qui scella les lettres de fondation de son sceau. Tout ce qu'on sait des embellissemens si vantés par les anciens historiens, se borne à la construction du Palais, dit *la Salle*, (2) qui fut

---

(1) Le plus ancien titre authentique de la ville de Lille, est la Charte de fondation de Saint Pierre en 1066, par Baudouin V : cette Charte étant presque tombée en pourriture par le peu de soins du Chapitre, la Comtesse Jeanne la fit transcrire en sa présence par Adam, Évêque de Terrouane en 1217. Cette copie est déposée aux archives de la Préfecture; elle sera donnée textuellement à la fin de cet Opuscule.

(2) Ce Palais fut vendu par Charles-Quint en 1515, aux Échevins de Lille, qui le firent démolir.

bâti entre l'ancien cimetière de Saint Pierre et l'hôpital Comtesse. C'est-là que fut élevé Philippe premier, Roi de France dont le Comte Baudouin avait été nommé tuteur, à raison de sa proche parenté avec ce Monarque, par son mariage avec Adèle, fille de Robert Capet. Baudouin mourut en 1067, et fut inhumé dans l'église de Saint Pierre.

Premier siège en 1128.

Le premier siège que Lille soutint, date de 1128. Louis le Gros, Roi de France, qui avait épousé la cause de Guillaume de Normandie, vint à la tête d'une armée appuyer ses droits au Comté de Flandres, contre Thierry d'Alsace. Mais ce Prince qui était dans la Place, la défendit vaillamment et força le Roi de France d'en lever le siège.

Second siège en 1213.

Baudouin IX avait été proclamé par les Princes croisés, Empereur de Constantinople: Jeanne, sa fille, fut déclarée Comtesse de Flandres et du Hainaut, à Paris, par Philippe-Auguste, Roi de France, qui la maria en 1211, à Ferrand ou Ferdinand de Portugal, fils de Sanche premier, Roi de ce pays. Ce jeune Prince se ligua en 1213, contre Philippe-Auguste, avec le Roi d'Angleterre et l'Empereur Othon IV. Philippe, pour s'en venger, vint ravager la Flandre et assiéger Lille; il l'a prit en quatre jours et y fit bâtir un fort à la porte des *Renneaux*. Mais à peine se fut-il retiré que les habitans se révoltèrent, chassèrent ses troupes et rappelèrent le Comte Ferrand. Philippe accourut ne respirant que la vengeance; prit une seconde fois la ville, la saccagea et la réduisit en cendres.

C'est à ce désastre que Lille dut son premier agrandissement; on la rebâtit entièrement, et on l'augmenta de la Paroisse de Saint Sauveur. Elle eut alors six portes, dites :

De Courtray,
Des Renneaux,
Du Molinel,
De Weppes,
De Saint Pierre,
Et des Malades,

Le Comte Ferrand fait prisonnier par les Français à la bataille de Bouvines, le 14 Juillet 1214, fut mené en triomphe à Paris, et renfermé dans la Tour du Louvre.

Son épouse obtint du Roi la

permission de retourner en Flandres; elle y fut déclarée régente, fit de sages réglemens et s'occupa avec constance et succès à faire disparaître les traces qu'avait laissés la guerre.

Cette Princesse a été nommée à juste titre, la Sémiramis de Lille. Nous ferons connaître les établissemens utiles dont elle fut la Fondatrice.

Ferrand étant mort de la pierre à Noyon, en 1233, la Comtesse Jeanne, sa veuve, épousa en secondes nôces, en l'année 1237, Thomas de Savoie, oncle de Marguerite, femme de Saint Louis; et peu de temps après du consentement de son mari, elle prit le voile à l'Abbaye de Marquette, qu'elle avoit fondée, et y mourut en 1244, sans laisser d'enfans de ses deux mariages.

Marguerite, sa sœur, lui succéda ; elle acheva les établissemens que Jeanne avait commencés, et en fonda de nouveaux. Elle avait épousé en 1212, Bouchard d'Avesnes, Archidiacre de Laon et Chanoine de Saint Pierre de Lille, son tuteur : elle en eut deux fils, Jean, Comte de Hainaut, et Baudouin d'Avesnes.

Ce mariage ayant été déclaré illégitime par le Concile général de Latran, à cause du caractère de cléricature de Bouchard, elle épousa en secondes nôces Guillaume de Dampierre, dont elle eut plusieurs enfans, et mourut en 1280.

Guillaume de Dampierre, son fils aîné, ayant été tué dans l'expédition des Croisades, Guy, son frère puîné, succéda au Comte de Flandres, malgré la guerre que lui firent les deux fils de Bouchard d'Avesnes, ses frères utérins, pour soutenir leurs droits.

Le Comte Guy épousa Mechaut de Béthune, dont il eut onze enfans; et en secondes noces, Isabelle de Luxembourg, qui lui en donna sept.

C'est en 1283 que se trouve le premier Roi de la *feste et joulte de l'Epinette*, qui s'est long-temps célébrée avec beaucoup d'éclat à Lille, le premier Dimanche de Carême. L'origine de cette Confrérie qui comptait parmi ses membres les plus grands Seigneurs et plusieurs Souverains, date des premières croisades. Lors de ses fêtes, elle élisait son Roi parmi la Noblesse: cette Société avait obtenu des Souverains, les privilèges les plus beaux et les plus étendus. Le Magistrat de Lille

Lille en payait les frais; les Ducs de Bourgogne lui ont accordé à diverses reprises des octrois pour y subvenir. (1)

Le Comte Guy donna, en 1285, les Boucheries à l'Hôtel-de-Ville; il intervint près du Chapitre de Saint Pierre, pour qu'il cédât également à la Ville sa juridiction sur le quartier

---

(1) On voit à la Bibliothèque publique de Lille, deux manuscrits sur les fêtes de l'Epinette : ils contiennent quelques lettres-patentes et réglemens des Souverains; on y remarque aussi les blasons des Rois de la Confrérie, depuis Jean le Grand, Seigneur de Joie, qui le fut en 1283, jusqu'au Seigneur de Queveghem. L'ouvrage est terminé par la description de quelques fêtes en 1435 et 1438. Cette Confrérie fut supprimée à cause des dépenses excessives auxquelles elle entraînait.

de Saint Maurice, en lui donnant en échange la dîme de Wambrechies qui était de son domaine.

Troisième siège en 1297.

Philippe le Bel, Roi de France, vint à la tête d'une armée formidable assiéger Lille en 1297. La Place était défendue par Robert de Béthune, fils aîné de Guy de Dampierre. Après un siège de onze semaines, cette Ville fut forcée de se rendre. Philippe garda sa conquête dont un traité souscrit par le Comte Guy en 1299, lui assura la possession. Il en confia le gouvernement à Jacques de Châtillon, Comte de Saint-Pol, qui fit bâtir le château de Lille en 1301.

Les Flamands s'étant révoltés en 1302, et les Français ayant perdu la bataille de Courtray, le 11 Juillet de cette année, la souveraineté de Lille fut reprise par le Comte Guy. Mais Philippe le Bel après la victoire de Mons-en-Pévèle, remportée sur les Flamands, le 18 Août 1304, revint encore mettre le siège devant Lille. La paix qu'il y conclut la même année lui en garantit de nouveau la possession.

Le Comte Guy mourut en 1305, dans le château de Compiègne, où le Roi Philippe, qui ne s'était point fié à ses promesses, le tenait enfermé.

Robert de Béthune, devenu Comte de Flandres par la mort de Guy, son père, crut le moment favorable, et reprit les armes; mais il fut défait et contraint de céder à la France cette souveraineté, en 1313. La paix de 1320 confirma cette cession.

Lorsque Jean II, Roi de France, fut fait prisonnier par les Anglais à la bataille de Poitiers en 1356, les habitans de Lille donnèrent une preuve éclatante de leur générosité et de leur dévouement pour leur Souverain, en fournissant une forte somme pour sa rançon. Ce Prince pour leur témoigner sa reconnaissance, confirma leurs anciens privilèges, parmi lesquels les historiens citent une foire franche dont Philippe le Bel avait gratifié la Ville en 1296, et il leur en accorda de nouveaux.

En 1369, Lille rentra au pouvoir de ses anciens Souverains par la restitution que le Roi de France Charles V, fit à Philippe le Hardi, son frère, Duc de Bourgogne, de la ville de Lille et de sa châtellenie, en considération du mariage qu'il contractait avec Marguerite, fille et unique héritière de Louis de Mâle, Comte de Flandres.

Jean sans peur, Duc de Bourgogne, ayant fait assassiner Charles, Duc d'Orléans en 1407, se retira à Lille et demanda des secours aux états. Tanneguy Duchâtel vengea la mort du Duc d'Orléans en poignardant son meurtrier sur le pont de Montreau-faut-Yonne.

Philippe le Bon, fils de Jean sans peur, bâtit en 1430 le Palais de *Rihours*, qu'on nomma par la suite Cour de l'Empereur, parce qu'il fut habité par Charles-Quint en 1541 et 1549. Ce Palais est aujourd'hui l'Hôtel-de-Ville; la Place qui y fait face a retenue le nom de Place de Rihours.

Ce fut dans ce Palais que se tint le

second Chapitre de l'Ordre de la Toison d'or en 1431. Pour la célébration de cette fête, on rôtit un bœuf entier dans la grande salle; les Magistrats firent faire un grand pâté troué par-dessous, aussi bien que la table, et lorsqu'on en leva le couvercle, il en sortit une douzaine de valets de Ville, vêtus en fous qui, par leurs manières grotesques divertirent beaucoup le Prince et la compagnie. Le lendemain en se promenant sur la Place où il y avait un puits, il apperçut ces mêmes fous qui montaient et descendaient le long de la chaîne, de sorte qu'il semblait qu'on y puisait des fous. Philippe s'écria : *Voilà les sots de Lille.* Par la suite les valets de Ville, vêtus en fous, se montrèrent encore dans quelques divertissemens publics.

C'est également au commencement du 15.ᵐᵉ siècle, que les auteurs fixent le second agrandissement de Lille, du côté de la Porte de la Barre. Il consistait dans ce qui compose aujourd'hui la Paroisse Sainte Catherine.

La Maison d'Autriche vit un de ses enfans régner sur Lille et sur la Flandre, par le mariage de Marie, fille de Charles le Hardi, dernier Duc de Bourgogne, avec Maximilien, Archiduc d'Autriche, fils de l'Empereur Frédéric III. Ce Prince fut inauguré à Bruxelles, en 1479, comme mari et tuteur de sa femme, qui mourut en 1482.

Maximilien ayant été élu Roi des Romains, en 1486, succéda à l'Empereur son père, le 7 Septembre 1493. Il transmit à son fils Philippe, le

Comté de Flandres, et ce Prince, ayant épousé en 1496, Jeanne, surnommée la folle, fille et héritière de Ferdinand V, Roi d'Arragon et d'Isabelle, Reine de Castille, ce mariage annexa à la couronne d'Espagne, Lille et le Comté de Flandres.

C'est de cette époque que date la splendeur de la Maison d'Autriche, dont les Princes eurent le bonheur d'épouser de riches héritières, et à cette occasion l'on composa ce distique si connu :

Bella gerant fortes, tu felix Austria nube;
Nam qua Mars aliis, dat tibi regna Venus.

Charles-Quint succéda en 1517 à Philippe, son père, et fut élevé à l'Empire en 1519, après la mort de Maximilien, son ayeul.

Ce Prince confirma les privilèges et coutumes de la Ville, en 1533, en considération des services qu'il en avait reçu.

Le 16 Septembre 1540, il donna des lettres-patentes pour l'agrandissement de Lille du côté de la porte Notre-Dame ; mais les travaux n'en furent exécutés que le siècle suivant.

En 1557, la guerre de religion vint à éclater ; dès-lors les Magistrats craignant l'attaque des révoltés que combattait le Duc d'Albe, Généralissime des armées espagnoles, pourvurent à la défense de Lille, en levant seize compagnies de deux cent cinquante hommes chacune ; ils firent aussitôt démolir le château de Courtray, dans la crainte que les confédérés ne s'en emparassent. (1)

---

(1) Ce château, dit de Courtray, occu-

En 1581, les confédérés qui s'étaient donnés le nom de *Gueux*, et qu'on appelait aussi *Hurlus*, vinrent de Tournay, avec le Prince d'Antoing à leur tête; ils espéraient surprendre la Ville, où ils avaient des intelligences, mais le complot fut découvert et les auteurs punis.

Alexandre Farnese, Duc de Parme, ayant remplacé Dom Juan d'Autriche dans le gouvernement des Pays-Bas, fut reçu magnifiquement à Lille, en 1582; il félicita les Magistrats, de la sagesse et de la fermeté qu'ils avaient montrés dans les troubles.

Le Dimanche 29 Juillet 1582, les

---

pait alors une partie de la rue des Tours, de la rue de la Magdeleine et de celle des Célestines.

Hurlus de Menin vinrent au faubourg de Courtray, Paroisse de la Magdeleine, dans le dessein de s'introduire dans Lille par surprise. Mais les Confrères de Saint Sébastien qui s'exerçaient dans leur jardin à tirer de l'arc, accoururent avec leurs trousses et les repoussèrent à coups de flèches. Maillotte, hôtesse du Jardin de l'Arc, s'était mise à leur tête, armée d'une vieille hallebarde.

On voit souvent la ville de Lille sauvée par le courage de ses habitans.

En 1598, Philippe II, Roi d'Espagne, après avoir fait la paix avec la France, donna les Pays-Bas à sa fille Isabelle, en faveur de son mariage avec l'Archiduc Albert qui quitta la pourpre romaine dont il était revêtu. Cependant Philippe stipula le retour de ces Provinces à sa couronne, à défaut d'héritiers mâles.

En 1600, l'Archiduc Albert vint à Lille avec l'Infante, son épouse. Ils reçurent le serment des habitans qui firent de grandes réjouissances à ce sujet. (1)

---

(1) On peut voir le détail de ces fêtes dans un manuscrit de la Bibliothèque de Lille, intitulé : *Entrée solennelle de Leurs Altesses Sérénissimes Albert et Isabel Clara-Eugenia, Princes et Souverains Seigneurs de ces Pays-Bas, faite dans la ville de Lille, le 5 Février 1600.* Cet ouvrage est un des principaux et des plus curieux monumens pour l'Histoire de Lille. Il est parfaitement conservé et contient le détail des événemens depuis 1600 jusqu'à 1663. On y trouve le nom des familles qui reçurent des faveurs des Souverains, et le tableau des Rewart, Mayeur et Échevins, alors en exercice.

Ce fut sous le règne d'Albert et d'Isabelle que l'on exécuta le projet d'agrandissement de la Ville, donné par Charles-Quint en 1540. Ce troisième agrandissement s'étendait depuis la porte des Malades jusqu'à celle de la Barre, ce qui comprenait une partie du quartier de Notre-Dame, et tout le terrein existant entre le rempart actuel et la rue des Jésuites, où finissait l'ancienne enceinte. On substitua la porte Notre-Dame à celle du Molinel, qui était dans la rue de ce nom.

La paix conclue avec les Hollandais en 1609, après une guerre de quatre-vingts ans, l'Archiduc profita de ces momens de tranquillité pour continuer les fortifications de Lille. C'est à cette époque qu'eut lieu le quatrième agrandissement de la ville de Lille. (Le second du règne de l'Archiduc Albert.) Il fut commencé du côté de la porte de la Magdeleine, en 1617, et fini en 1622. Ce Prince mourut en 1621, et l'Infante Isabelle en 1633, sans laisser d'héritiers. La douceur de leur gouvernement, l'affection qu'ils portèrent à leurs peuples, rendront à jamais leur mémoire chère aux flamands. Le Comté de Flandres retourna dès-lors à la couronne d'Espagne.

Le 12 Septembre 1645, les Français attaquèrent Lille, sous la conduite des maréchaux de Gassion et de Rantzau; ils étaient parvenus à se loger dans les faubourgs de Saint Pierre et de la Barre. Mais le feu bien dirigé et bien soutenu des Canonniers bourgeois qui coururent aux remparts à la première alerte, les força de se retirer avec perte. Cette guerre fut terminée par le mariage de l'Infante Marie-Thérèse d'Autriche, fille aînée de Philippe IV, Roi d'Espagne, avec Louis XIV, Roi de France.

Philippe étant mort en 1665, Louis XIV sous la minorité de Charles II, fit valoir ses droits sur les Pays-Bas, qui par les lois du Brabant devaient être son partage : la force succéda aux négociations.

Quatrième siège en 1667.

Lille fut investie le 8 Août 1667, par le Marquis d'Humières : le Comte de Brouay, fils du célèbre général Spinola en était Gouverneur. Sa garnison était composée de 2000 hommes d'infanterie de ligne et de 800 cavaliers, sans compter les bourgeois qui avaient pris les armes avec ardeur. L'ouverture de la tranchée se fit dans la nuit du 18 au 19, du côté de la porte de Fives. Le 25, les assiégeans étaient maîtres du chemin couvert. Les demi-lunes furent emportées le 26 après un combat opiniâtre; le 27, le Comte de Brouay fit battre la chamade et la Place fut remise le 28 au Roi de France. Ce Prince y fit son entrée triomphante le même jour, et confirma les privilèges de ses habitans. (1)

---

(1) Louis XIV signa la capitulation le 27 Août, dans un donjon au-dessus de la porte d'entrée d'une ferme située à Fives, sur le chemin de Flers. On lut long-temps sur la porte de cette ferme, l'inscription suivante qu'on voudrait y voir encore.

Le traité d'Aix-la-Chapelle, signé en 1668, confirma à Louis XIV la propriété de Lille, et ce Prince, sur les projets du célèbre Vauban, y fit le cinquième agrandissement. Le traité avec les Magistrats en fut passé le 23 Avril 1670, moyennant 200,000 florins qu'ils votèrent pour cette dépense.

En 1673, Louis XIV vint à Lille; ce Prince visita les nouvelles fortifica-

---

 Obsessa urbs Insularum
 Ancipiti de forte dubia hœrebat
 Sed fœdere novo Ludovicus XIV,
  Hoc in ipso conclavi
 Ejus quietis pactum propria manu
  Conscripsit
 VI kalendas Augusti
  Anno MDCLXVII.
 Ut memoria traderetur
 Hac apposita fuit inscriptio.

tions ainsi que la Citadelle, dont il donna le gouvernement au maréchal de Vauban, qui venait de la construire. Il témoigna en cette occasion à ce célèbre Ingénieur la plus grande satisfaction sur les travaux qu'il avait fait exécuter. C'est le premier Gouvernement de cette nature qu'on ait connu en France.

Cinquième siège en 1708.

La Flandre redevint bientôt le théâtre des combats. Pendant la guerre de la succession, les Princes alliés après quelques succès, résolurent le siège de Lille. Le Prince Eugène et le Prince d'Orange la firent investir le 12 Août 1708, par une armée considérable d'Impériaux, Anglais, Prussiens, Danois, Hanovriens, Hollandais et Hessois. L'armée de siège était forte de

50 bataillons et 90 escadrons. Son artillerie consistait en 120 pièces de gros calibres, 40 mortiers et 20 obusiers. Le Duc de Malborough commandait l'armée d'observation destinée à couvrir le siège ; elle était forte de 75,000 hommes. Le Duc de Boufflers défendait la Ville, sa garnison était de 16 bataillons, de 9 escadrons de dragons et de 800 invalides. La tranchée fut ouverte dans la nuit du 22 au 23 d'Août, les attaques avaient lieu depuis la porte de la Magdeleine jusqu'à celle de Saint André. Néanmoins les principaux efforts se faisaient aux faces des deux bastions sur la droite et la gauche de la Deûle, entre les deux ouvrages à cornes et aux deux demi-lunes, avec le ravelin à double tenaille, qu'on appelait tenaillons.

Le 7 Septembre, les Alliés attaquèrent le chemin couvert et furent repoussés avec perte; ils échouèrent de même le 21 à l'attaque des tenaillons; l'affaire fut très-meurtrière, le Prince Eugène y fut blessé légèrement à la tête. Le 28, le chevalier de Luxembourg parvint à entrer dans la Ville, en y introduisant un secours de dix-huit cents chevaux; chaque cavalier portait en croupe soixante livres de poudre.

Le Duc de Bourgogne et le Duc de Vendome, commandant l'armée française, firent tous leurs efforts pour faire lever le siège aux Alliés. N'ayant point assez de forces pour risquer une affaire générale et décisive, ils manœuvrèrent pour leur couper les vivres, et ils y avaient presqu'entièrement réussi ; mais le Comte de la Motte, lieutenant-général, chargé d'intercepter un convoi ennemi, s'étant laissé battre même avec des forces supérieures le 28 Septembre, à l'affaire de Winendale, village près de Thourout, par le général-major Anglais Webb ; le Prince Eugène qui, sans ce convoi était obligé de lever le siège faute de vivres, en fit dès-lors pousser les attaques avec la plus grande activité.

Le 3 Octobre, les Alliés attaquèrent et emportèrent après 4 assauts successifs et meurtriers les tenaillons ainsi que l'ouvrage à corne qui est à la porte d'eau, et gagnèrent de plus en plus du terrein.

Le 22, le maréchal de Boufflers voulant éviter un assaut général dont il voyait les dispositions, fit battre la chamade; il capitula le 23, après 60 jours de tranchée ouverte.

Le Prince Eugène nomma pour Gouverneur de la Ville, le Prince de Holstein-Beck, lieutenant-général Hollandais.

Ce siège est un des plus fameux dont il soit fait mention dans l'histoire moderne. Vauban avait épuisé son art pour rendre Lille imprenable. Les édifices qui souffrirent le plus, furent la Collégiale de Saint Pierre, l'Église de la Magdeleine et toutes les maisons des Paroisses de Saint André et de la Magdeleine.

Le 24 et le 25, le Duc de Boufflers, en vertu de la capitulation, se retira dans la Citadelle avec le reste de ses troupes, fortes au plus de 4500 hommes. Après une trève de quelques jours, les Alliés ouvrirent la tranchée le 28 Octobre; le maréchal de Boufflers manquant de poudre, et ayant reçu des ordres du Roi pour conserver les braves qui lui restaient en si petit nombre, capitula le 9 Novembre, après avoir repoussé pendant trois mois et seize jours, tant dans la Ville que dans la Citadelle, les attaques des assiégeans.

Lille resta au pouvoir des Alliés jusqu'au traité d'Utrecht, signé le 11 Août 1713, entre la France, l'Espagne, le Portugal, la Prusse et la Hollande.

La Ville fut rendue au Roi, qui en fit prendre possession. Les Lillois marquèrent par leur joie, et les fêtes qu'ils donnèrent à cette occasion, combien était grand le plaisir qu'ils éprouvaient, de retourner sous l'empire de leur ancien maître. (1)

Le 15 Juillet 1722, Joseph-Marie de Boufflers fit son entrée à Lille et prit possession de son gouvernement de Lille, et le maréchal son père, fut élevé à la dignité de Pair de France par Louis XIV, en récompense de la belle défense qu'il avait faite.

---

(1) Le Magistrat fit en mémoire de cet événement, frapper une médaille, où le génie de Lille était représenté orné de sa couronne muraillée, et tendant respectueusement la main au Roi qui le relevait. On lisait en exergue ces mots formant chronographe.

LUDoVICo Magno LIberatorI.

Sur le revers :

Senatus populusque Insulensis.

Les

Les Lillois eurent l'honneur de recevoir dans leurs murs Louis XV, leur Souverain, en 1744, et en 1745, après la bataille de Fontenoy. Sa Majesté accueillit avec bonté les hommages et les félicitations de ses peuples Flamands qu'elle venait de sauver par ses éclatantes victoires, et les remercia des preuves de leur attachement et de leur fidélité.

Après toutes ces guerres sanglantes, Lille florissante et réparée, s'occupait tranquillement sous le gouvernement d'un Roi juste, bon et pacifique, à étendre son commerce, à perfectionner son industrie et à faire fleurir les arts, enfans de la paix, lorsque les premie.s attentats de la révolte organisée contre l'autorité royale, ouvrit les premières scènes d'une révolution que la coalition des grandes Puissances de l'Europe eut dû étouffer dès sa naissance.

Le 29 Septembre 1792, Lille essuya un bombardement terrible. Trente mille Autrichiens commandés par le Duc Albert de Saxe-Teschen, employèrent vainement les menaces et les boulets pour se rendre maître de cette importante cité ; mais ils furent obligés de se retirer le 6 Octobre, après avoir perdu deux mille hommes. Les habitans occupés jour et nuit sur les remparts au service des batteries, firent preuve d'une rare valeur.

Les quartiers qui avoisinent la porte des Malades furent les plus endommagés. On évalue à quatre cents le nombre des maisons réduites en cendres, et à huit cents le nombre de celles qui criblées par les boulets, attestèrent la fureur des assiégeans, et l'intrépidité des assiégés.

DESCRIPTION
DES FORTIFICATIONS.

On compte à Lille sept portes et trois portes d'eau ; savoir : celles de Saint André, de Gand, de Roubaix, de Tournay, de Paris, de Béthune et de la Barre. (1) L'enceinte de la Place est fort irrégulière ; elle a été réparée par *Vauban*, qui y a ajouté plusieurs bastions et divers autres ouvrages.

Sur le premier front, du côté de la Citadelle, où est la porte de Saint André, couverte d'une demi-

---

(1) Les portes de Gand, de Roubaix, de Tournay, de Paris et de Béthune, étaient appelées naguères, portes de la Magdeleine, de St. Maurice, de Fives, des Malades et de Notre-Dame.

lune avec son réduit, est un grand bastion avec sa courtine. Le bastion suivant est couvert d'un grand ouvrage à cornes dont le front est aussi couvert d'une demi-lune. Il a dans son centre un grand corps de casernes pour la cavalerie. La deuxième courtine comprend la porte d'eau; le fossé du corps de place y est coupé par 2 grands bâtardeaux; l'un, servant d'écluse, donne passage à la Deûle; l'autre, sert à soutenir les eaux dans les fossés de la Place. Cette porte est couverte d'un grand ouvrage appelé les tenaillons. Le bastion suivant a sa courtine couverte d'une tenaille à flancs irréguliers; dans son fossé est une demi-lune. Tout ce qui précède était le front d'attaque que les Alliés avaient choisi dans le siège de 1708; non point parce qu'il était le plus faible, mais bien à raison de la facilité du transport des munitions de Menin par la rivière de la Basse-Deûle. On voit par la durée du siège que cet ouvrage était très-fort. On y a ajouté depuis plusieurs ouvrages extérieurs, la plupart minés, ce qui le rend susceptible d'une plus longue défense. Voilà en quoi consiste la nouvelle enceinte, qui s'étend vers le N. O., depuis la Citadelle jusqu'auprès de la porte de Gand.

En suivant la même direction, l'on trouve dans l'ancienne enceinte des Espagnols, un bastion irrégulier, composé seulement de deux flancs et d'une face. Dans la courtine, est la porte de Gand, (1) couverte

---

(1) Le quartier de la Magdeleine était le

d'un ouvrage à cornes, garni de deux coupures et de deux demi-lunes. Il a été ajouté par *Vauban*, et est un des beaux ouvrages de fortifications de la Ville. Cet ouvrage couvre de ses feux le front d'ensuite ; il y a aussi des cavaliers sur le terre-plein des bastions; celui de la gauche qui existait lors du siège en 1667, a été d'un très-grand usage pour la défense de la Place. Louis XIV voulut voir cette batterie, à cause du faubourg de Courtray, qui renfermait l'ancien château dont on a parlé. Toute cette partie fut enclavée dans l'agrandissement des Espagnols. La porte de la Magdeleine fut substituée à celle de Courtray en 1621. Les Espagnols firent usage dans leur agrandissement du système des bastions ; les tours devenant insuffisantes depuis qu'on attaquait les places avec du canon.

mal qu'elle avait fait à ses troupes. On la nommait du *Meunier;* elle était servie par les Canonniers bourgeois.

La porte de Saint Maurice ou de Roubaix est couverte par une petite demi-lune ancienne. Cette porte, dans l'agrandissement des Espagnols en 1617, a remplacé celle des Renneaux de la première enceinte de la Ville. Le bastion d'après est petit, et contient néanmoins deux corps de casernes. De cette place, à l'angle flanqué, règne une grande muraille le long de laquelle sont trois corps de casernes. Sur le bastion de la gauche est un cavalier dont les feux plongeants seraient très-avantageux dans la défense; cependant, comme cette partie se trouve dans un rentrant, elle est peu exposée à être attaquée.

La porte de Fives ou de Tournay, faite par Louis XIV, se trouve dans la courtine du petit bastion qui suit. Cette porte est couverte d'une petite demi-lune ; au-devant est une fausse braye. Dans la gorge du bastion de la droite de ce front, est l'ancienne porte dite de Fie ou de Fives. Cette porte a été bouchée, et il y a un Moulin sur le bastion. C'est par cette partie que Louis XIV prit Lille, en 1667. Cependant, ce bastion n'existait pas tel qu'il est aujourd'hui, ayant été réparé par *Vauban*. La courtine est couverte d'une demi-lune avec un réduit. Il n'y avait auparavant que de petites demi-lunes non revêtues. Le bastion qui suit est dit de la Noble-Tour, (1) à

---

(1) Les bastions de la Noble-Tour et du

cause d'une ancienne tour qui y existait, reste de l'enceinte faite par les Comtes de Flandres. Cette Tour sert présentement de magasin à poudre ; le bastion au-dessus duquel s'élève un cavalier de terre, a été fait par les Espagnols en 1659. L'ouvrage à cornes qui le couvre est de *Vauban*. Le front est couvert d'une petite demi-lune. La plupart de ces ouvrages sont minés, et conséquemment susceptibles d'une bonne défense. Après l'ouvrage à cornes vient un grand bastion retranché par la gorge ; c'est ce que l'on nomme le *Fort Saint Sauveur*. (1)

Moulin, à droite et à gauche de la porte des Malades, furent substitués en 1659, aux tours qui y existoient auparavant.

(1) Dans la première enceinte, il y avait

Son front du côté de la Ville est couvert d'une petite demi-lune qui défend la porte ; au-dedans est une Chapelle avec des corps de casernes. Ce bastion est couvert d'une contre-garde, et entre-deux est une demi-lune.

La porte des Malades ou de Paris est dans la courtine qui suit. Elle est couverte par une demi-lune et par son réduit. Cette porte appelée des Malades, à cause d'un hopital, situé à une demi-lieue de la Ville auquel elle

---

à la place de ce Fort une porte dite de Saint Sauveur, qui était précisément en face de la rue de ce nom. Cette porte fut supprimée par les Espagnols, comme étant trop près de celle des Malades. Outre le Fort Saint Sauveur, il en existe autour de la Ville plusieurs autres petits, qui ne sont gardés qu'en temps de guerre.

conduisait, est en face de la rue de ce nom. Elle sert d'entrée du côté de la France. C'est la plus belle porte des places de guerre du royaume.

La Ville fit ériger ce beau monument d'architecture, à la gloire de Louis XIV, par *Volans*. Son exécution répond à l'élégance de sa composition. Le milieu est une niche : on y voyait dans le ceintre les armes de France, et au-dessous, celles de la ville de Lille. Les deux côtés offrent une colonnade d'ordre dorique, l'entre-colonnement est occupé par des trophées suspendus ; les métopes des triglyphes sont remplis par des casques, des boucliers, etc. Ces colonnes supportent des trophées accompagnés de vaincus enchaînés. Entre les colonnes sont deux statues : l'une, sous la figure
de

Pallas, représente la valeur et la prudence; l'autre, sous celle d'Hercule, annonce le symbole de la force. Le tout est terminé par un beau trophée accompagné de Renommées embouchant la trompette. Au milieu est la Victoire tenant une couronne pour le Monarque victorieux. (1) Le bastion à droite de cette porte est de *Vauban*. Il est chargé d'un cavalier, et couvert d'un ouvrage à cornes dont le front est défendu par une petite demi-lune.

On a rectifié l'enceinte jusqu'à la

---

(1) Il serait à désirer que l'Administration s'occupât de réparer ce beau monument et de rétablir le buste de Louis XIV, couronné par la Victoire, les armes de France et de Lille, de même que la tête de Pallas qui se trouve abattue.

porte Notre-Dame ou de Béthune, qui était fort irrégulière et composée de plusieurs réduits. Le nouveau bastion à gauche de cette porte a été commencé en 1771 ; ce qui a rendu cette partie susceptible de la plus grande défense. La porte est dans une courtine dont les deux extrêmités sont occupées par deux petits bastions irréguliers, et elle est couverte d'une demi-lune avec son réduit. La courtine suivante est également couverte d'une demi-lune. Le corps de place autour de cette porte a été fait par les Espagnols en 1605, date que l'on trouve encore sur cette porte qui a remplacé l'ancienne, dite du *Molinel*, placée bien plus intérieurement dans la Ville, la nouvelle enceinte ayant formé un agrandissement de ce côté. Dans le bastion qui suit est une petite hauteur appelée le *Calvaire*. Depuis ce bastion jusqu'à la Citadelle, l'enceinte est irrégulière et composée de plusieurs lignes droites qui forment des angles rentrans et saillans; dans la plus longue de ces lignes est la porte de la Barre, couverte par une demi-lune. Enfin, cette enceinte fermée par la Citadelle, est entourée d'un large fossé plein d'eau, accompagné d'un chemin couvert revêtu, et d'un petit glacis, au-delà duquel se trouve en plusieurs endroits un avant-fossé. Toute cette partie depuis la porte de Béthune jusqu'à la porte de la Barre, est couverte par la grande inondation qu'on peut former à volonté avec la Deûle; inondation qui met sous l'eau tout le pays en avant à plus de deux lieues d'étendue.

Elle entoure tout-à-fait la Citadelle ; et va se terminer à la chaussée de la porte Saint André.

La digue, construite en 1699, s'étend de la porte de Béthune à celle de la Barre, et empêche l'inondation de venir jusqu'aux murs de la Ville; l'intérieur forme un espèce de camp retranché que l'on peut inonder à volonté.

La Citadelle, séparée totalement de la Ville, par une Esplanade très-vaste, est la plus belle qu'il y ait en Europe, et la première que le maréchal de *Vauban* ait fait construire. Cet habile Ingénieur n'a rien omis pour la rendre une des plus fortes places de guerre qu'on connaisse. Une inondation fort étendue, la rend imprenable du côté des terres. Elle ne peut être attaquée du côté de la Ville que quand celle-ci est prise. Sa forme est pentagonale avec cinq bastions réguliers. Au-devant de chaque courtine est une tenaille de terre. Chaque front est défendu d'une demi-lune revêtue avec son réduit. Sur le bastion de gauche, il y a un cavalier, sous lequel se trouve des casemates pour mettre la garnison à l'abri des bombes en cas de siège. La place d'armes est fort grande et très-bien entendue. Les bâtimens sont distribués tout autour dans le meilleur ordre. On y trouve une Église, la maison du Gouverneur, l'Arsenal, les magasins et plusieurs corps de casernes. Elle est environnée d'un fossé très-large et très-profond qui communique par un seul endroit à celui de la place, et qui est entouré d'un chemin couvert avec son glacis.

On entre dans cette Citadelle par deux portes : la première, dite Royale, est du côté de l'Esplanade. On y lisait, avant la révolution, l'inscription suivante, qu'on se propose de rétablir sous peu.

« Insula, victoriarum Ludovici XIV
» devolutas Mariæ-Theresiæ conjugi,
» Provincias armis repetentis cumulus
» ingens, novum ab ipso diebus stu-
» penti orbe ad deditionem compulsa,
» qua cujus vis alius impetum, aut fre-
» gisset aut diù retardasset, quem in-
» victum senserat, providum ac benefi-
» cium experta, hujus arcis regiâ muni-
» ficentiâ extructæ præsidio, id adepta
» est, ut quæ reliquas catholici Bel-
» gii urbes opibus et numero civium
» facile superabat, nulli nunc, quod

» unum deerat, munimentorum gloria
» cedat. Anno MDILXX. (1)

---

(1) Voici la traduction de cette inscription.

« Lille, dont la prise couronne si glo-
» rieusement les conquêtes de Louis XIV,
» se remettant en possession par les armes,
« des Provinces appartenantes à son épouse
» Marie-Thérèse; Place qui eut rendu inutiles
» ou retardé long-temps les efforts de tout
» autre Héros, et qui s'est vu forcée de se
» rendre à ce Monarque en neuf jours, au
» grand étonnement de l'univers, éprouve
» aujourd'hui la sagesse et la bienfaisance
» de celui qui venait de lui faire sentir qu'il
» était invincible, et parvient enfin à l'abri
» de cette Citadelle, où tout annonce une
» magnificence vraiment Royale, à ne le
» céder à aucune des villes de la Flandre
» catholique, par la force et la beauté de

La seconde porte qui donne issue à la campagne, est appelée du *Secours*, parce qu'elle ne doit servir qu'en cas de siège. Au-delà du glacis est un avant-fossé qui communique à celui de la place; il est aussi accompagné de son chemin couvert et de son glacis; dans cet avant-fossé du côté de la campagne, sont sept lunettes en terre, placées dans les angles rentrans. A la tête, du côté de la Deûle, est une grande redoute quarrée, appelée de *Canteleux*. Elle est couverte de deux demi-lunes, et défend le retranche-

---

» ses fortifications, seul avantage qui lui
» manquât, comme elle l'emportait déjà
» sans peine sur toutes, par ses richesses
» et le nombre de ses Citoyens. L'An
» MDCLXX. »

ment et l'inondation. La Deûle sert d'avant-fossé à la dernière enceinte de la Citadelle, elle arrive dans la Ville par la porte-d'eau; située entre celles de Béthune et de la Barre, et est coupée en avant de cette dernière par une grande écluse.

Près de la porte de la Barre se trouve un manège couvert pour l'équitation des Régimens de la garnison; tout auprès est une vaste salle qui était destinée aux exercices militaires des Officiers d'infanterie. L'Esplanade est la seule promenade publique qu'ait la Ville, les remparts ne présentant rien d'agréable: elle comprend trois allées bordées de tilleuls, une pour les voitures, et deux pour les personnes qui se promènent à pied. Les trois allées sont à la droite du canal, et à la gauche se trouve une quatrième allée, bordée de maronniers, et destinée aux gens à pied.

Cette belle promenade est très-fréquentée; on y trouve plusieurs Cafés, dont l'un avec des bains.

L'État-Major de la 16.me Division militaire dont le quartier-général est à Lille, se compose : d'un Gouverneur, d'un Commandant de Division, d'un Lieutenant de Roi de première classe, d'un Commandant de Département, d'un Colonel Chef d'État-Major, de deux Capitaines d'État-Major, d'un Major, de quatre Adjudans de Place et d'un Secrétaire-Archiviste.

Il y a aussi un Payeur-général de la guerre, des Inspecteurs aux Revues, un Ordonnateur, et plusieurs Commissaires des Guerres.

La Citadelle a un Gouvernement particulier, composé d'un Lieutenant de Roi, de deux Adjudans de Place et d'un Secrétaire-Archiviste : son Arsenal est beau, celui de la Ville est assez vaste; tous deux, sans être extrêmement grands, ont toujours suffi à l'artillerie et aux munitions de la Ville. Outre l'Arsenal, il y a à Lille plusieurs beaux Magasins à poudre. Le soin de l'artillerie est confié à un Colonel-Directeur, résidant à la Citadelle.

Lille renferme une Fabrique artificielle de Salpêtre et une Rafinerie dans l'ancien Couvent des Capucins, rue de Paris. Elle est dirigée par un Commissaire en chef et un Garde-Magasin.

Le Génie a un Colonel-Directeur, résidant au Fort Saint Sauveur, ainsi qu'un Ingénieur en chef, et un Capitaine chargé du service de la Citadelle.

Les principaux Établissemens militaires sont les casernes, qui sont fort belles et peuvent contenir dix mille hommes. Elles sont situées près des portes de Gand, de Roubaix et de Paris, pour l'infanterie; près de la porte St. André se trouve un superbe quartier pour la cavalerie. Les écuries en sont voutées ainsi que les bâtimens des forges et ceux à l'usage des troupes. Le quartier de la Gendarmerie, récemment terminé, ne le cède point aux autres en beauté et en solidité.

Le Corps-de-Garde sur la Grande Place, en fait un des plus beaux ornemens; il a été bâti en 1717, et vient d'être réparé avec soin : l'architecture en en est remarquable et mérite l'attention des connaisseurs.

Le bâtiment du Manège fut construit au bout de l'Esplanade, par une Compagnie d'Actionnaires; la Ville en est devenue propriétaire. Comme il était fort dégradé, on y a fait construire, en 1810, une nouvelle façade et un logement pour un écuyer.

Il y a deux Prisons à Lille; la première, se trouve dans la rue Saint André, à l'endroit où était l'ancienne porte de Saint Pierre, avant l'agrandissement; l'autre, nommé le Petit-Hôtel, touche à l'Hôtel-de-Ville.

L'Hôpital-Militaire servait anciennement de Collège, il avait été construit en 1605 par les Magistrats qui l'avaient donné aux Jésuites, en remplacement de celui qu'ils avaient fondé dans la rue des Malades; cet établissement fut brûlé en grande partie en 1740. Les Jésuites avaient commencé à le rebâtir et en auraient fait un de leurs plus beaux établissemens, lorsqu'ils furent dissous en 1765, et remplacés par des Prêtres séculiers, jusqu'à ce que par lettres-patentes du 3 Juin 1781, l'Hôpital Militaire de la Place aux Bleuets y fut transféré, et le Collège établi aux Bleuets que le Roi Louis XVI venait d'acheter.

Le Magasin principal des Hôpitaux Militaires, Place aux Bleuets, a servi depuis 1752 d'Hôpital Militaire, jusqu'à la translation au Collège des Jésuites; il appartenait aux Enfans de la *Grange*, ainsi appelés du nom de leur Fondateur, ou Bleuets, à cause de la couleur de leur habit. Ils subsistent depuis 1499. On y avait joint la Maison des Bapaumes, fondée en 1605, par Guillaume de Boilleux ou de Bailleul, dit de Bapaumes, destinée aussi aux orphelins des deux sexes. Ces deux établissemens ont été d'abord réunis à l'Hôpital général et appartiennent maintenant à l'Hôpital Comtesse. Le bâtiment n'a rien de remarquable. On voit au-dessus de la porte d'entrée l'Inscription suivante.

> COLLEGIUM CIVITATIS
> FUNDATUM AN. 1592.
> CONFIRMATUM AN. 1767.
> HUC TRANSLATUM
> AC RESTAURATUM
> M. DCC. LXXXI.

DES RUES,

PLACES ET MARCHÉS.

La Ville est divisée en cinq Arrondissemens. Presque toutes les rues sont fort larges; celles du dernier agrandissement fait en 1670, sont toutes tirées au cordeau. Les plus belles sont celles de Fives, de Saint Sauveur, du Molinel, des Jardins, de Paris, de l'Hôpital-Militaire et celle dite Royale, qui l'emporte sur toutes les autres, par sa régularité et la beauté des bâtimens. Les rues qui la traversent, laissent à découvert d'un côté l'Esplanade et la Citadelle ; de l'autre, le rempart. Les rues sont pavées en voute, de manière à ne point laisser croupir les eaux qui se dégagent dans des égouts et canaux souterreins forts profonds, placés environ à 200 pas les uns des autres, mais qui ne laissent point que de communiquer des exhalaisons très-infectes, sur-tout lorsqu'on les nettoye. Elles sont éclairées par 587 réverbères qu'entretient la Ville, usage qui subsiste depuis 1624.

La Grande-Place est une des plus belles que l'on connaisse, tant par son étendue que par la régularité des bâtimens dont elle se compose ; les façades des maisons étant presque toutes de la même élévation. La Bourse, construite en 1652, pour la commodité du commerce, par le Magistrat, et dont la petite Tour qui la surmontait fut renversée par le bombardement de 1792, en fait un des principaux ornemens, ainsi que le Corps-de-Garde. On y tient marché deux fois la semaine, le Mercredi et le Samedi.

La petite Place mérite d'être remarquée; les autres sont celles de Rihours ou de la Mairie, de Saint Martin, du Concert, etc.

Le Marché aux Poissons a été bâti en 1805 et 1806, avec des étals pour les marchands, et deux pompes au milieu.

Celui au Beurre a été construit en 1811 et 1812, sur une partie de l'Église du Couvent des Récollets, avec des étals couverts.

CANAUX.

En 1681, Louis XIV ordonna la construction du canal de la Haute-Deûle. Les eaux de ce canal entrent dans la Ville par l'Arc de Sainte Catherine, dit Grille de l'Arc, et par la Grille du Rivage, dite Grille du Haut. Ces dernières passent par le canal de jonction qui traverse l'Esplanade, et gagnent les fortifications qu'elles longent, pour rejoindre la rivière au-dessous de la Ville. Les autres se divisent en plusieurs petits canaux dont quelques-uns ont servi anciennement de fossés à la Ville avant ses agrandisse-

.nens; et se rejoignent au Quai de la Basse-Deûle. Ce Port, dit le grand Rivage est le plus considérable; il est très-beau et fort commode pour le chargement et le déchargement des marchandises; tous les bâteaux abordent à ce Quai : il est traversé par trois Ponts dont le plus remarquable par l'élégance de sa construction est le Pont-Neuf ou Royal, bâti en 1701, par Deswerquins. Ce Pont est à six arcades, deux au milieu pour le passage des bâteaux et deux de chaque côté pour les voitures et les gens de pied. Ce Pont est fort large, et deux voitures passent dessus aisément. Le Rivage du Haut, dit Quai de la Haute-Deûle, est traversé par deux Ponts. Près de la porte de la Barre est un grand Bassin qui n'a rien de remarquable.

La navigation se fait sur la Deûle, par le moyen des écluses.

La Ville est traversée intérieurement par quantité de petits canaux où se déchargent les acqueducs qui passent sous les rues, et y entretiennent la propreté ; tous ces canaux se renouvellent continuellement, et leurs eaux font tourner plusieurs moulins.

DES PAROISSES.

Il y a six Paroisses à Lille, qui sont : Saint Maurice, Saint Sauveur, Sainte Catherine, Saint Étienne, la Magdeleine et Saint André.

SAINT MAURICE.

Cette Église, aujourd'hui la plus ancienne de la Ville, est assez régulière, et d'une architecture moderne; elle a cinq nefs dont deux sont divisées en plusieurs Chapelles.

En entrant par le grand portail à droite, auprès de la fausse porte, se trouve un tableau, ayant pour sujet

Saint Nicolas ; sujet bien peint et bien colorié, par *J. Vanderburgh*, le père.

Dans la première Chapelle à droite, le tableau d'autel représente le martyr de Saint Maurice, peint par Langhen Jan, élève de Jacques *Jordaens*. Ce sujet est composé en grand ; la figure du martyr est bien dessinée. Ce tableau a été assez mal repeint.

La fermeture et la table d'autel sont d'un beau marbre ; les connaisseurs y remarquent deux Termes.

SAINT SAUVEUR.

Saint Sauveur est d'un goût gothique ; la flèche bâtie de pierre d'Avesnes se faisait remarquer par sa beauté et sa hauteur ; elle a été renversée dans le bombardement de 1792.

(72)

Au maître-autel, l'on voit la Transfiguration, peinte par J. Van Oost, fils. (1) Quoique la composition n'en soit pas heureuse, les figures couchées au bas du tableau sont cependant belles.

---

(1) Jacques Van Oost, fils, né en 1637, développa de bonne heure son goût pour la peinture; il fit le voyage de Rome, où il étudia l'antique et les grands maîtres. Il voulait se fixer à Paris; mais il fut retenu à Lille par les entreprises qu'on lui proposa. C'est dans cette Ville, où il passa quarante années de sa vie, que se trouvent ses principaux ouvrages. Il mourut en 1713, à Bruges, sa patrie. Ses figures sont correctes, expressives, bien drapées. Sa couleur est bonne, et produit de bons effets. Il peignait très-bien le portrait.

SAINTE

SAINTE CATHERINE.

Cette église renferme un chef-d'œuvre de Rubens; c'est le martyre de [S]te Catherine au moment où le bourreau va lui trancher la tête: cette [co]mposition est riche; la Sainte est une grande beauté; les autres têtes [so]nt aussi jolies; le grand-prêtre, au[-de]vant, est d'un grand caractère et bien [dr]apé: on reproche le peu d'action du [bo]urreau et le dessin maniéré de ses [ja]mbes; mais tout est bien peint, bien [c]olorié. Les effets du clair obscur y sont [o]n ne peut mieux sentis. Ce tableau est [to]ut entier de la main de Rubens. C'est [u]n don fait à cette Église par Messire [J]ean de Seur, et sa femme Marie Patin.

Le tableau de l'autel à gauche est [p]eint par Wamps; il représente l'adoration des bergers : ce morceau n'est pas sans mérite ; on le croit son meilleur ouvrage. Wamps était de Lille et obtint le premier prix de peinture à l'académie de Paris.

SAINT ÉTIENNE.

Cette Église bâtie en 1696, maintenant Église paroissiale, appartenait anciennement aux Jésuites ; elle est grande et claire ; les pilastres de la nef et du portail sont d'ordonnance corinthienne ; les bas côtés sont portés par des pilastres ioniques. On n'y voit point de tableaux remarquables.

LA MAGDELEINE.

Cette Église est bâtie en coupole. Sa décoration intérieure est mauvaise les ordres d'architecture y sont écrasés; le portail n'est élevé que jusqu'à l'entablement; en général tout y manque d'art et de goût. L'Église a été élevée en dôme en 1713. On y remarque les tableaux suivans :

Au fond du chœur on voit la résurrection de Lazare, tableau bien dessiné, mais un peu noirci et peint par Van-Oost le fils.

Aux deux côtés des chapelles sont quatre bons tableaux, qui représentent les quatre pères de l'Église; on les soupçonne de Guérard Seghers.

A droite et à gauche du chœur on remarque quatre sujets saints, tableaux estimés, peints par André Lens. Ce peintre est auteur du costume ou essai sur les habillemens et les usages de plusieurs peuples de l'antiquité.

SAINT ANDRÉ.

Cette église a été comprise dans la ville lors du dernier agrandissement fait par Louis XIV. Elle est petite ; le portail est d'une assez belle architecture. La chaire est remarquable. Il n'y a point de bons tableaux.

HOPITAUX.

Le plus ancien hôpital de Lille est celui de St. Sauveur, fondé en 1216, par Jeanne, Comtesse de Flandres, sous le nom de St. Jean-Baptiste-lez-St.-Sauveur. On y a réuni la salle de l'Hôtel-Dieu pour les femmes malades qui était auparavant à l'hôpital général.

En Février 1243, la Comtesse Jeanne, fit, d'une partie du palais qu'elle habitait, un hôpital, dont elle avait commencé l'établissement en 1227. Cet hôpital fut appelé de *Notre-Dame*, ensuite du nom de Comtesse, par rapport à sa Fondatrice.

(78)

L'Église possède de bons tableaux mais tellement endommagés qu'il est presque impossible de les réparer. Il y en a onze. Le tableau d'autel représente Notre Seigneur crucifié. La Madeleine en pleurs est au bas de la croix. A gauche et à droite, en entrant, deux très-grands tableaux représentent la multiplication des pains, les enfans d'Israël qui recueillent la manne. Quatre autres qui ont pour sujet la Cène, la Pâque des Juifs, St. Pierre dans sa prison, et St. Jean dans l'île de Pathmos.

Au fond, au-dessus de la tribune, la Vierge présentée au temple. Au bas, un tableau qui garnit toute la longueur de la salle, représente l'offrande de Melchisedech. Dans l'ancien réfectoire dix tableaux, mais si enfumés qu'il peine peut-on distinguer quelques têtes : on croit y reconnaître la Foi, l'Espérance et la Charité, la Piscine, la Samaritaine, l'Aveugle né, etc.

Dans le nouveau réfectoire, qui est l'ancien dortoir, on voit un tableau représentant la Vierge tenant l'enfant Jesus entre-deux femmes, Jeanne de Constantinople et Marguerite sa sœur, bienfaitrices de cet établissement. Le reste du tableau est rempli de religieux et religieuses. Dans l'appartement de la supérieure est la présentation de la Vierge au temple. Tous ces tableaux sont d'Arnould De Vuez. Ces hôpitaux furent d'un très-grands secours aux militaires français blessés à la célèbre bataille de Fontenoy, le 11 mai 1745. On voit encore dans le vaisseau qui sert aujourd'hui de réfectoire, deux épitaphes de marbre blanc; la première, qui est la plus petite, contient cinq noms; il y a au-dessus :

D. O. M.

A la mémoire de *Messieurs les Officiers du Roi, morts dans cet hôpital en l'an* 1745.

La deuxième :

A la glorieuse mémoire de *Messieurs les officiers blessés à la bataille de Fontenoy, et décédés dans cet hôpital l'an* 1745.

Les deux monumens contiennent trente-six noms d'Officiers français, morts de leurs blessures reçues à cette mémorable affaire. Il y en a une troisième à l'hôpital St. Sauveur dans le cimetière; elle renferme le nom d'un

Mousquetaire du Roi, mort le 26 Mai 1745.

L'hôpital de St. Jean-Baptiste, *dit* Gantois, situé rue des Malades, fut fondé en 1462, par Jean Delecambe, *dit* Gantois.

La maison ou école des Stappaert, rue des Malades, est aussi appelée maison de N.-D. des sept douleurs. Jean Stappaert la fonda pour y entretenir un certain nombre de filles. Il avait épousé Antoinette Bourignon, femme célèbre par sa dévotion.

Les Bonnes-Filles sont aujourd'hui réunies aux Stappaerts. Cet établissement fut fondé en même-temps que les Bleuets, vers l'année 1477.

Les Vieux-Hommes, réunis aux Bleuets, doivent leur établissement à Marguerite Duhot, veuve de Jean

Lemahieu. Jean Lequien, en 1636, et Charles Lespillet, en 1640, y firent beaucoup de bien. Cette maison a servi d'hôpital militaire depuis 1744 jusqu'en 1749.

HOPITAL GÉNÉRAL.

De toutes les fondations pieuses, la plus considérable est l'hôpital général. Cette maison a été établie en vertu de Lettres-Patentes du mois de Juin 1738. Le bâtiment est fort vaste, d'une architecture moderne; il peut contenir deux mille personnes, quoiqu'il ne soit pas entièrement achevé. On a établi en 1810, dans cet hôpital, ainsi que dans celui de St. Sauveur, un *Tour* pour recevoir les enfans abandonnés.

L'administration des Hospices civils et des secours est établie dans le vaste local des Sœurs de la Madeleine, qui réunit tous les bâtimens nécessaires : il y a un conseil d'administration pour tous les Hospices, composé de douze Membres, présidé par le Maire de la ville. La Commission administrative est composée de cinq Membres, pris parmi les douze. Les autres fonctionnaires sont un secrétaire du Conseil, un receveur, un contrôleur et un notaire. Cette administration embrasse les Hospices, les fondations, les secours à domicile, les enfans trouvés et les deniers pupillaires.

Dans une des salles du Conseil il y a un beau tableau représentant l'adoration des bergers, par Vandyck : la figure de la Vierge n'est pas très-correcte pour le dessin ; mais les têtes sont belles, et il y a une grande finesse pour la couleur.

Dans l'anti-chambre de la salle des séances du Conseil, se voit un tableau où Maillotte est représentée à la tête des confrères de St. Sébastien, repoussant les *Hurlus*. Au bas se trouvent les quatrains suivans :

―――

Mil cinq cent deux y adjoutant huitante,
Mois de Juillet vingt-neufvième jour,
L'ennemi ravageant tout à l'entour,
Embrâsoit les faubourgs d'une flamme effroyante.

―――

A l'instant les Archés, d'une main vigilante,
Montrant virilement leur extrême devoir,
Firent bendir leurs arcs puis flêches pleuvoir
Sur l'hérétique chef de la troupe nuisante.

―――

Si bien qu'il fut contraint, malgré son hardiesse
Et ses vaillants efforts, eshloui de fraye

Qu'il aprestoit sur nous à son grand dés-
    honneur,
De fuir lardé de traits d'une agile vîtesse.

———

Ainsi s'esvanouit la canaille enragée.
Soyons donc hardy comme confrères ont
    estés,
Puisque par leur valeur la troupe des Archés
A si bien repoussé la bende outre guidée.

———

Maillotte, leur hôtesse, en vrai amasonne,
Cremiant Dieu créateur et haïnant les Hurlus,
Contre ces hérétiques va s'en courir sus,
L'allebarde enfonstant au corps de leur per-
    sonne.

Les Hospices possèdent dans leurs archives un grand nombre de titres manuscrits, bien conservés et très-beaux. Le plus ancien est le titre de la

8

fondation de l'hôpital Comtesse, en Février 1236.

Il y a plusieurs écoles gratuites, dites dominicales, pour l'instruction des enfans indigens. La première a été établie le premier Mars 1584, par Maximilien Vilain, Comte d'Isenghien, Gouverneur.

Il y a aussi par arrondissement plusieurs Commissaires distributeurs des secours à domicile, ainsi que des Officiers de santé pour les indigens, et un dépôt central de bandages herniaires.

MONT-DE-PIÉTÉ.

Le Mont-de-piété de Lille est formé de la réunion du Mont-de-piété dit Lombard, fondé en 1628 avec celui de Barthelemy Masurel, fondé en 1607, et dans les bâtimens de ce dernier, rue des Tours.

Cet édifice fut brûlé pendant le siége de 1708; les Magistrats le firent rebâtir tel qu'il est à présent.

En 1625 on voyait sur le frontispice l'inscription suivante :

D. O. M. S.

Bartholomœus Masurel, futuræ inopiæ metu primis annis non parum anxius, dimidiatæ bonorum sortes in Phano D. Virgini ad aniversam sacro votum facit, indè Scandiâ Septentrionali, præcipuisque Regis Moschorum Emporiis peregrinatione lustratis in urbe amplissimas opes cum magnificâ Margareta Leurier *uxore consecutus mitigandæ fænebrium lucrorum iniquitati* Montem Pietatis *magno multitudinis commodo his in ædibus ubi natus est, liberali censu instruxit tantæ igitur animi magnitudini et tant eximiæ pietati applaudens.*

Senatus Populusque Insulensis Publica animi benevolentis significatione gratulatur 1610.

Le Magistrat après l'avoir fait rebâtir y fit poser l'inscription suivante qu'on y voit encore.

MONS PIETATIS

Ab omni fœnoris labe intactus,
Quem vir
In egenos effuse misericors
Pollicitis Deo media ex parte lucris
Centuplo auctus
Bartholomeus Masurel,
Constituit cumulavitque anno MDCX.
Amplas ædes,
Quas paterna in cives munificentia
Extruxerat SENATUS INSULENSIS
Obsidionali incendio collapsas
Ex integro restaurabat
Anno MDCCXI.

HOTEL DE VILLE.

L'HÔTEL DE VILLE est l'ancien palais que Philippe-le-Bon fit bâtir, et dont on a parlé dans l'abrégé de l'histoire de la ville.

Les Magistrats l'achetèrent en 1664 de Philippe IV, et vendirent par portions, le jardin, dont on fit la rue du Palais (1).

---

(1) Avant 1664, l'Hôtel-de-ville était situé dans l'emplacement des Halles; il avait été construit en 1030, reconstruit en 1231 et en 1592 avec un beffroy, qui fut démoli en 1600, et l'Hôtel en 1664. Les Halles furent faites en 1233.

Dans la nuit du 17 au 18 Novembre 1700, le feu prit au théâtre et brûla la plus grande partie de cet édifice. Le même accident se renouvella en 1756; et cet incendie consuma une partie des bâtimens du côté de la rue du Palais : pour les remplacer, on a construit un édifice d'une architecture moderne et dont la façade donne sur la place de Rihours ; le tout fait d'après les dessins de Deswerquins. Les corps de bâtimens brûlés, en 1756, n'ont pas été rétablis.

Le conclave est la salle où les Échevins rendaient la justice, et où les États de la province s'assemblaient avant 1769. Cette salle est vaste ; la boiserie en est belle. On y remarque six tableaux fort estimés d'Arnould De Vuez. Celui du fond représente Notre Seigneur attaché sur la croix; bon ouvrage et colorié dans le goût de Rubens.

Sur les côtés quatre autres qui sont:
La femme adultère,
La mort d'Ananie,
Le jugement de Salomon,
La chaste Suzanne.

Le sixième est un très-grand tableau, en face des croisées, qui occupe toute la largeur de la salle et qui se termine à la voûte. Il représente le jugement dernier. Ces cinq tableaux sont fort endommagés. Il faudrait une main habile pour les réparer. On a fait une faute de goût, en mettant, contre toute vraisemblance, le cadran d'une horloge au travers du grand tableau, vers le premier plan (1).

---

(1) Arnould DeVuez, né à Oppenois, près de St. Omer, en 1642, reçut les premiers

ARCHIVES DE LA MAIRIE.

Cet établissement est précieux ; on y distingue :

Les registres aux titres concernant les différens établissemens publics de-

---

principes de son art à Paris, dans l'école du frère Luc, Récollet, et alla se perfectionner à Rome. Lebrun le fit venir à Paris pour l'aider dans ses immenses travaux. Il s'établit ensuite à Lille, y fut nommé Échevin et y mourut en 1724, âgé de 82 ans. On trouve dans cette ville ses principaux ouvrages, qui se font remarquer par la pureté et la correction du dessin, la variété du mouvement de ses figures. Il avait sur-tout étudié Raphaël ; sa composition est pleine de génie, mais sa couleur est peu agréable, ses tableaux ne se conservent pas parce qu'il épargnait extrêmement ses couleurs.

puis la fondation de la ville de Lille, par Baudouin le débonnaire.

Les Chartres des privilèges accordés à la ville par les Comtes de Flandres, les Rois d'Espagne et de France.

Divers registres contenant les faits historiques les plus remarquables qui se sont passés dans Lille, en divers tems.

Les Statuts des anciennes corporations supprimées, ainsi que les ordonnances concernant les fabriques, manufactures et les différens corps d'arts et métiers.

Les recueils aux ordonnances de police relatives à la sûreté publique, aux comestibles, à la salubrité de la ville.

Les registres aux fondations pieuses.

Un grand nombre de dossiers relatifs aux divers agrandissemens de la ville, aux canaux et rivières qui la traversent, à sa population, aux différens sièges qu'elle a soutenus et aux traités et capitulations qui en ont résulté, à l'imprimerie, aux privilèges de ses habitans, aux traités de paix et d'alliance. Elles renferment une quantité de registres importans, de pièces qui intéressent l'état et la fortune des citoyens, entr'autres les actes de bourgeoisie depuis le premier Novembre 1291, jusqu'à 1792. Les particuliers y ont recours pour justifier leur filiation, à défaut d'actes de naissance, mariages et décès, dont on n'a commencé à tenir registre à Lille que dans le 16.ᵉ siècle; on a fait une table générale alphabétique pour faciliter les recherches.

Les actes de tutelle et curatelle, et les comptes qui les concernent.

Les comptes des exécuteurs-testamentaires et ceux des corporations supprimées.

COLLÈGE.

Le Collège est situé dans l'ancien couvent des Récollets. L'instruction est confiée à un principal, six professeurs de latin et deux de mathématiques.

Lille possède des écoles publiques et gratuites de dessin, de plastique et d'architecture, où peuvent assister les amateurs et les jeunes gens qui veulent s'instruire. Ces salles sont aussi dans le couvent des Récollets.

Chaque année, on distribue publiquement aux élèves des écoles académiques qui se sont distingués, des prix consistant en médailles d'argent.

BIBLIOTHÈQUE PUBLIQUE.

Ce dépôt précieux est riche de vingt mille volumes, placés dans une vaste salle, dépendant du bâtiment des écoles académiques, rue des Arts.

Le classement est fait d'après les cinq grandes divisions bibliographiques; savoir:

La Théologie,

La Jurisprudence,

Les Sciences et Arts,

Les Belles-Lettres,

Et l'Histoire.

On a suivi le même ordre pour les subdivisions. Un cabinet particulier, et disposé à cet effet, renferme les manuscrits, les éditions du 15.ᵉ siècle, les Aldes, les Plantins, et les gravures les plus précieuses.

Nous allons donner une notice des plus beaux ouvrages que renferme ce bel établissement; malheureusement cette bibliothèque est loin d'être dans l'état qu'on pourrait désirer. Confiée à l'administration du District, les manuscrits, les livres les plus précieux disparurent, et quinze fourgons furent chargés indistinctement des plus beaux ouvrages pour le service de l'artillerie.

Dans les manuscrits on remarque :

Une Bible qu'on croit être celle de la Comtesse Jeanne; on la présume écrite en 1216; elle vient de l'ancienne bibliothèque de St. Pierre, et était enchaînée. On y conserve aussi plusieurs heures antiques, ornées de miniatures.

Un livre de piété en français et de

l'écriture du 15.ᵉ siècle, sans titre; on y lit à la fin :

Explicit le Miroir de l'ame.

Un manuscrit intitulé : *Chy commenchent les diz moraulx des Philosophes, translatés de latin en françoys par noble homme Monseigneur Guillaume de Tygnonville, Conseiller Chambellan du Roy notre Sire.*

Ce manuscrit renferme beaucoup des dessins en belles couleurs et avec de l'or. Il paraît que ce Guillaume de Tygnonville est le même qui fut Prévôt de Paris, depuis 1401 jusqu'en 1408.

Une lettre de Gilbert de Choiseul Duplessis Praslin, Evêque de Tournay, au Pape Innocent XI, écrite de Tournay le 24 Avril 1678. Cette lettre donne de très-grands déails sur les églises et les abbayes du Diocèse de Tournay, dont Lille faisait partie.

Trois volumes écrits sur deux colonnes en parchemin, et du commencement du 13.e siècle, intitulés :

Epistola Domini Walteri, Magalonensis Episcopi, ad Robertum Insulanum, prepositum de floribus psalmorum, a beate memoriæ Lamberto Sancti Ruffi abbate collectis.

Ce Gautier ou Wautier était de Lille et fut Evêque de Maguelonne en 1104 ; il mourut en 1129.

Les chroniques de Jean Molinet, en 4 volumes.

Le premier commence avec l'année 1474 et va jusques 1480.

Le second commence avec l'année 1482 et finit à 1488.

Le troisième commence à 1489 e finit à 1506.

Jean Molinet, Chanoine de Valenciennes et Bibliothécaire de Marguerite d'Autriche, était né dans le Boulonnois. Cet ouvrage est fort estimé et n'a pas encore été imprimé. Jean Molinet continue les chroniques de Froissart e finit où commence Enguerrand de Monstrelet.

La Relation du siège de Nuits, par Charles-le-hardi, Duc de Bourgogne, commençant en 1474, et plusieurs autres pièces curieuses relatives à l'histoire du même siècle.

Un beau manuscrit in-4.°, en langue Toscane, dont voici le titre écrit en lettres d'or sur un fond bleu d'azur *Prohemio di Jacopo di Messer Poggio nella historia di Xenophonte, philoso pho, della vita di Cyro Re de Persi, traducta da lui di lingua latina in Toscana al Serenissimo et Invictissimo Ferdinando, Re di Napoli.*

Un autre en Espagnol, avec ce titre : *Rebelle delle VII Provin.*

C'est l'histoire de la rebellion des provinces de la Hollande, dans le 16.ᵉ siècle.

Les Statuts de la Toison d'or, beau manuscrit très-bien écrit sur parchemin. On y trouve en entier les Lettres-Patentes données par Philippe-le-Bon, Duc de Bourgogne, à Lille, le 27 Novembre 1431. Les soixante-six articles viennent après. On trouve à la suite quelques additions et altérations faites à ces articles par le Duc lui-même et par ses Successeurs, jusques et compris Charles-Quint.

Un manuscrit, ayant pour titre *Armoiries de Flandres et de Brabant*, renferme, entr'autres curiosités, le dessin d'un vitrail anciennement placé à Ste. Gudule, dans la chapelle du St. Sacrement, construite en 1387 aux frais des sept Nobles.

Dans une autre peinture est représentée la maison des sept Nobles, telle qu'on la voyait à Bruxelles.

Un autre in-folio, sans titre; sur la première page on trouve: *Cy commence le livre du Roy Modus et de la Royne Ratio, qui parle des déduits et de pestilente.* Ce poëme est en rimes. On y trouve l'intitulé des chapitres qui composent cet ouvrage et qui tous concernent la chasse aux bêtes fauves, au gibier ordinaire et la fauconnerie.

Le Traité qui suit a pour titre: *Chy*

ppres devise le songe de l'acteur de a pestilence, et comment les vertus n furent chassés.

On y trouve quelques chapitres conenant ce qui s'est passé en Bretagne et la bataille d'Auray, qui se donna le 29 Septembre 1364, et où Duguesclin nt fait prisonnier.

Un in-folio ayant pour titre: *Morale es Philosophes.* C'est un recueil de ifférens points de morale faisant parе de la doctrine des Philosophes. Les essins sont bien faits et les couleurs en ont vives. Le premier cité est *Sedecias* eprésenté dans son salon lisant son uvrage. Parmi les Philosophes on disngue St. Grégoire assis, méditant sur es ouvrages, ayant la tête entourée de ayons d'or et couverte d'une grande niare.

Un volume in-4.°, sans titre, contenant six cents pièces de vers français de quinze lignes chacune: il y en deux sur chaque page et à la tête une lettre *verjure* et un demi marteau en or, sur lequel sont des hyérogliphes.

Au commencement on voit sur le revers d'une strophe quinze lignes de *rebus*, très-bien dessinés et dont les couleurs sont très-vives; elles représentent la signification du vers.

Un volume in-folio : intitulé *Discours véritable des grands troubles et séditions advenues en la ville d'Arras capitale du pays d'Artois en 1578 par M.ᵉ Ponthus Payen, Avocat Atrebatien, Seigneur des Essarts.* Ce livre qui, à ce qu'on croit, n'a jamais été imprimé, contient beaucoup de détails de ce qui est arrivé à Arras a

ndant la révolution de la Hol-
nde.

Un livre de prières in-8.º, qui com-
ence par l'évangile de St. Jean, *in
incipio*, et très-bien écrit sur velin
avec de charmantes miniatures :
aque page est encadrée de dessins et
s couleurs sont très-vives. Il y a en
te un almanach pour tous les mois
ont les jours sont marqués par calendes.

Quatre volumes, grand in-folio,
ntenant toute la Bible écrite sur par-
emin en deux colonnes.

Cette Bible est écrite en gros carac-
re. A la fin du 4.ᵉ volume, on trouve
n'elle a été écrite en 1274, par Guil-
ume Desens, et corrigée avec soin,
lon l'hébreu et les anciens livres, par
ichel de Novirella, Prieur des frères
rêcheurs de Lille, Chapelain du Pape,

très-expert dans la connaissance de la Bible.

Un autre ayant pour titre *Quatuor Evangelia*; c'est un volume petit in-folio très-bien écrit sur parchemin : il est du 11.ᵉ ou 12.ᵉ siècle. Ce manuscrit vient de l'abbaye de Cysoing; il est couvert d'une planche de cuivre doré, sur laquelle se trouvent 40 fleurs de lys relevées en bosses et dorées. On pense que ce volume servait anciennement de texte ou recueil d'évangiles. Ce texte était couvert avec magnificence et le sous-diacre le portait à baiser à l'officiant : les tableaux sont bien faits, les couleurs sont vives et très-bien conservées.

La copie très-rare de l'*Union d'U-trecht*, imprimée avec les caractères matrices du 15.ᵉ siècle, conservés à Harlem

[H]arlem chez l'imprimeur Enschede, [r]enferme l'imitation parfaite des signa[t]ures.

On y voit plusieurs éditions de l'é[p]oque de l'origine de l'imprimerie ; [e]ntr'autres :

Le *Speculum humanæ salvationis*, [t]raduit en hollandais et imprimé par [L]aurent Coster, à Harlem, en 1440.

La Grammaire latine de Jean Janua. [O]n croit cette édition sortie des presses [d]e J. Mentel, de 1470 à 1475.

Le *Bartholomæus de Casibus conscienciæ* de 1474.

Deux exemplaires du Dante, très-rares, le premier in-4.°, imprimé à Venise en 1512 ; l'autre in-folio, imprimée aussi à Venise en 1596.

On y remarque également :

Les Monumens des catastrophes du Globe, par Knorr.

La *Phytanthoza iconographia*.

Les Arbres et Arbustes, par Duhamel.

L'Herbier de la France, par Bulliard.

L'histoire des Plantes, par Robert Morison.

Les annales de l'Agriculture française.

La belle collection d'Estampes connue sous le nom de *Cabinet du Roi*. Ce bel exemplaire provient de la bibliothèque de St. Pierre, à qui Louis XIV, en reconnaissance d'un terrain que le Chapitre lui céda gratuitement pour la construction des ouvrages avancés de la Citadelle, accorda à perpétuité un exemplaire de tout ce qui sortirait de l'imprimerie royale du Louvre.

Les Galeries de Florence, du Palais-Royal et du Luxembourg.

Le Musée d'Herculanum et celui de Florence.

Les tableaux de la Suisse et d'Italie.

Le voyage en Grèce du Comte de Choiseul-Gouffier.

Les Mémoires de l'Académie des Inscriptions et belles-lettres.

Les OEuvres complettes de Buffon, premières épreuves.

Les Maladies de la peau, par Alibert, grand in-folio.

La collection des Mammifères, par Cuvier.

L'Histoire naturelle d'Audibert et L. P. Vieillot.

La Ménagerie du Muséum, par Maréchal.

La Galerie historique et les Vies et

OEuvres des Peintres les plus célèbres, par Landon.

Les OEuvres de Lavater.

Les OEuvres de Cicéron, par d'Olivet.

Les OEuvres d'Erasme.

Le Dictionnaire chinois, par de Guignes.

La description des Arts et Métiers.

L'Histoire de la littérature italienne par Tiraboschi.

L'Histoire Bysantine, grand in-folio.

Le Trésor des Antiquités Grecques par Gronovius.

Celui des Antiquités Romaines, par Grævius.

Les OEuvres complettes de Montfaucon.

Les Tableaux historiques de la révolution française, belles épreuves.

Le voyage en Egypte, par Denon.

Le Voyage en Amérique de MM. de Humboldt et Bonpland.

Les Actes de Rymer.

La Bibliothèque est ouverte au public les lundi, mercredi, vendredi et samedi de chaque semaine, depuis dix heures du matin jusqu'à trois heures de relevée.

MUSÉE DE LILLE.

Ce Musée est placé dans l'étage au-dessus de la bibliothèque publique. L'ouverture en a été faite en 1809; il contient 119 tableaux des écoles française, flamande et italienne : on y remarque surtout une descente de croix de *Rubens*. Ce sujet, si souvent répété, ne ressemble nullement à ceux déjà connus de ce grand maître. Il est bien composé; la tête de la Vierge, celles des autres femmes sont belles et très-expressives; le dessin en est correct, excepté les jambes du St. Jean, qui paraissent lourdes; les ombres sont un peu poussées au noir, ce qui n'empêche pas que l'effet n'en soit très-piquant.

Un magnifique tableau de Vandyck, représentant notre Seigneur attaché sur la croix; à ses côtés sont la Vierge et St. Jean; au bas, la Magdeleine en pleurs; sur le second plan des soldats qui retournent vers la ville. Il est bien composé, de la plus belle couleur, claire et argentine.

Un autre de Vandyck, mais bien inférieur au précédent, représente St. François donnant une hostie à un vieillard à ses genoux, suivi de son âne; deux autres figures sont à sa suite.

Les autres tableaux sont de Philippe de Champagne, Lafosse, Vernet, Mignard, Sébastien Bourdon, Valentin, Oudry, Vandewelde, Bordeaux, Ekemt, Dosso, Restout, Crayer, Jacques Jordaens, Arnould DeVuez, Van-Ost fils, Vanderburg, Jacques Van-Artois, Bergame père, Icart, Simon Devos, Rachel Ruys, Cornil Schut, J. Bent, D. Franck, Versteegh, Sauvage de Lille, Paul Véronèse, André Del-Sarto, Guido-Reni, Carlo Maratti, Jules Romain, Salvator Rose, Sassenir, Piazetta, Bassano, Romanelli, Vignon, Colonia, Christophe Allori.

DÉPOT DU MUSÉUM.

Ce dépôt est aussi dans une des salles du couvent des Récollets, rue des Arts. On y voit les esquisses de cinq tableaux qui se trouvent au conclave, par Arnould DeVuez; savoir :

Le Jugement de Salomon;

La mort d'Ananie;

La Femme adultère;

La chaste Suzanne,

Et le Jugement dernier.

Ces esquisses, qu'on voit avec plaisir, font juger, par la correction du dessin, les têtes toutes belles, la couleur et l'effet, combien les grands tableaux ont perdu par le repeint qui a tout gâté.

On y conserve aussi les portraits des Comtes de Flandres, depuis Louis le Male, mort en 1384, jusques à Charles II, Roi d'Espagne, mort le 19 Novembre 1700.

Un tableau de Vicar, représentant le jugement de Salomon; c'est un des chefs-d'œuvre de cet Artiste, né à Lille: de belles négligences, un coloris flatteur, une touche légère, un fini délicat, rendent cette composition digne du Poussin.

ANTIQUITÉ AU RASPUCK.

Dans la cour de l'ancienne maison de correction, dit le *Raspuck*, on voit une statue de grandeur naturelle en pierre bleue; elle est fort mutilée et abandonnée; on croit qu'elle représente Baudouin V, dit *de Lille*, enterré dans l'Eglise de St. Pierre, et que ce monument vient de l'ancienne chapelle de St. Michel située dans la même église.

JARDIN BOTANIQUE.

Le Jardin botanique de Lille offre la collection de tout ce que l'on cultive de plantes exotiques dans le département du Nord. Il est très-bien tenu et situé près le pont St. Jacques. Un bâtiment y est annexé pour les leçons de botanique qui commencent tous les ans au printems. Cet établissement a eu d'illustres Professeurs. Delobel, de Lille, qui a donné plusieurs Traités relatifs à cette science, Ricart et Cointrel, ce dernier laissa le catalogue imprimé de toutes les plantes de l'établissement. Cointrel fut remplacé par

Lestiboudois, Médecin, mort en 1804; son fils, héritier de ses talens, lui a succédé et est mort en 1815.

SALLE DE SPECTACLE.

La Salle de spectacle de Lille appartenait autrefois au Magistrat ; elle était située dans l'hôtel de ville, ancienne demeure des Comtes de Flandres. Le feu prit dans la Salle en 1700, le jour qu'on représentait l'opéra de Médée, et consuma la plus grande partie de ce palais.

La Salle qui existe actuellement a été bâtie en 1785, sur les dessins de l'architecte Lequeux ; elle est la propriété d'actionnaires.

L'acte de société a été passé en 1784; les actionnaires, au nombre de 100, ont formé une espèce de tontine. Leur mise était de 1,500 francs, ce qui faisait 150,000 francs ; avec cette somme qui serait aujourd'hui insuffisante, ils ont élevé sur la petite place une superbe Salle. On regrette qu'elle n'ait pas un peu plus de profondeur ; néanmoins c'est un des plus beaux édifices de la ville. Elle est bâtie dans le goût de celle des anciens Italiens, à Paris, et son porche est composé de six belles colonnes avec entablement et balustrade.

SALLE DU CONCERT.

CET établissement, également propriété d'une compagnie d'actionnaires, est un des plus beaux de la France. Il a été construit en 1803; la Salle est bien distribuée et décorée avec goût.

L'hiver on s'y réunit pour les Redoutes et les Concerts.

Il y avait une École de Musique, attachée à cet établissement; elle vient d'être rétablie par les soins des autorités.

L'INTENDANCE.

Ce bâtiment construit, en 1786, par l'Architecte Lequeux, offre un aspect agréable. On croit qu'il aurait pu développer davantage la cour de cet édifice.

HOTEL
DE LA PRÉFECTURE.

L'HÔTEL de la Préfecture servait anciennement d'Intendance. La ville en fit l'acquisition lors de la translation de la préfecture de Douay à Lille, en 1804.

ARCHIVES DE LA PRÉFCTURE.

Ce dépôt est dans les bâtimens de l'ancien Lombard, maison vaste et commode. Douze salles garnies de layettes ont reçu les titres et papiers suivant l'ordre des dates et des origines; les particuliers peuvent y trouver tous les renseignemens qu'ils désirent, soit pour l'étude de l'histoire, soit pour leurs intérêts. On distingue, dans cet établissement, soixante-dix volumes in-f.°; ils contiennent quatorze à quinze mille originaux ou copies authentiques provenant de l'ancienne Chambre des comptes, depuis sa fondation en 138? jusqu'à sa dissolution en 1667. Ces registres, très-précieux pour le département, ont échappés comme par miracle à la faulx révolutionnaire.

HOTEL
DES MONNAIES.

Lille possède un Hôtel des Monnaies, érigé en 1685. La lettre W est la marque distinctive des espèces qu'on y fabrique.

LE GRAND MAGASIN.

L<small>E</small> Grand-Magasin à blé, bâti par les États en 1730, forme une masse considérable de bâtimens remarquable par son élévation. Il est percé de près de quatre cents fenêtres sur les quatre faces.

TÉLÉGRAPHE.

Le Télégraphe a été établi à Lille en 1793, sur la tour de Sainte Catherine; il communique avec Paris et Boulogne; c'est la première ligne construite en ce genre.

LE CIRQUE.

Cet établissement est situé dans l'emplacement de l'ancien couvent des Dominicains. La hauteur où l'on avait construit une rotonde, se nommait *La Motte du Châtelain*, elle a été appelée ensuite *Motte Madame*, à l'occasion de Marie de Luxembourg, Châtelaine de Lille, en 1495. Cette Princesse mourut en 1546; elle était bisaïeule de Henri IV.

CANONNIERS SÉDENTAIRES.

Le Corps des Canonniers sédentaires de Lille possède un hôtel où l'on s'exerce aux manœuvres de l'artillerie. C'est l'ancienne maison des Urbanistes, dite Riches-Claires. Cette maison a été accordée en 1804 à ce Corps, dont la création remonte au 2 Mai 1483.

ÉGLISE

DES PROTESTANTS.

Le Temple protestant de la Confession d'Augsbourg a été établi en 1804, dans l'église des Bons-fils, rue de Tournay.

Les Juifs ont une Synagogue rue de la Halloterie.

SOCIÉTÉ
DE SCIENCES ET ARTS.

Cette Société a été organisée en 1803, et a remplacé la Société des hylalètes qui existait, à Lille, en 1785. Elle tient ses séances dans une des salles de la mairie.

HOPITAL MILITAIRE D'INSTRUCTION.

Cette institution qui subsistait ava[nt] la révolution, a été rétablie depuis p[eu] dans les bâtimens de l'hôpital militai[re.] Six Professeurs, et trois Adjoints so[nt] attachés à cet établissement. On y e[n]seigne :

L'Anatomie ;

La Physiologie ;

La Pathologie externe ;

Les Opérations et Bandages ;

L'Hygiène ;

La Pathologie interne ;

La Chymie pharmaceutique ;

Les Opérations pharmaceutique[s] ;

La Botanique ;

La Matière médicale ;

La Clinique interne et externe.

COLLECTIONS
PARTICULIÈRES.

LILLE compte divers amateurs des sciences et des Arts; plusieurs ont rassemblé des collections intéressantes d'histoire naturelle et autres objets.

Les bibliothèques de MM. Duriez, Auvernay et Vandercruissen, renferment des monumens précieux de l'art typographique. Ce dernier possède un des plus anciens livres français imprimés; c'est l'*art au Morier*, traduction française de l'*ars Moriendi*.

Les cabinets de tableaux se composent principalement des ouvrages des plus habiles Artistes de l'École Flamande.

Celui de M. Malfait est nombreux et bien choisi; le tableau le plus estimé est la Femme adultère, par *Rubens.*

Les autres cabinets sont ceux de MM. Lenglart, Peuvion père, Vandercruissen, Debrigode, Cusquel, Lefebvre Notaire, Cardon de Montreuil, Legrand fils, Madame veuve Dumortier, Vanblarenberghe, et E. Liénard, peintre.

M. Drapiez a réuni dans son cabinet une nombreuse collection de minéraux et d'insectes, qu'il a distribué d'après un système particulier.

M. Macquart-Beaugrand s'est appliqué à rassembler la collection complette de tous les oiseaux qui se trouvent dans le Département du Nord.

MM. Hochart et Gentil fils possèdent de très-beaux médailliers.

POSTE AUX LETTRES.

Le Bureau général est établi rue Royale, n.° 74; il y a aussi deux boîtes en ville, une rue de Paris, n.° 191, et l'autre rue Basse, n.° 35. La levée des lettres s'y fait deux fois par jour; la première, à trois heures précises, et la seconde, pendant la nuit.

La boîte du Bureau général se lève une heure plus tard, et au moment même de la clôture des dépêches.

DÉPART DES COURRIERS.

Le départ a lieu pour Douay, Arras, Amiens, Paris, route et au-delà, tous les jours à quatre heures du soir.

Dunkerque, Valenciennes, Belgique et la Hollande, villes et pays qu[i] se dirigent par ces routes, tous les jou[rs] de minuit à cinq heures du matin.

ARRIVÉE DES COURRIERS.

Elle a lieu de Paris et de l'intérieu[r] de la France, tous les jours, à l'ouve[r]ture des portes.

De la Belgique et de la Holland[e] à cinq heures du soir.

De toutes les autres routes, de tro[is] à cinq heures du soir.

Il est essentiel d'affranchir po[ur] l'Espagne, le Portugal, l'Angleterr[e] et les possessions autrichiennes.

POSTE AUX CHEVAUX.

La Poste Royale aux chevaux est établie sur la place du Lion d'or, à l'hôtel du même nom.

MESSAGERIES.

Il part du bureau de l'Entreprise générale des Messageries de l'Éclair, tous les jours, pour Paris, une berline à six places. Elle passe par Arras et Amiens ; le trajet se fait en trente-six heures ; le départ est fixé à cinq heures du matin.

Il part tous les jours, aussi à six heures et demie du matin, des diligences pour la Flandre et la Hollande. La route de Lille à Anvers se fait en un jour, et d'Anvers à Amsterdam en vingt-cinq heures. Ces voitures correspondent avec toute la Hollande.

Tous les jours à quatre heures du

matin, il part une berline à six places intérieures et trois de cabriolet, pour Bruxelles et l'Allemagne.

La route de Lille à Bruxelles se fait en quinze heures ; ces voitures correspondent directement avec celles de Liège, Maëstrick, Aix-la-Chapelle, Cologne, Coblentz, Mayence et de toute l'Allemagne.

Le Bureau de l'exploitation générale des Messageries royales rue Notre-Dame-des-Victoires, à Paris, chargé exclusivement du transport des fonds du Gouvernement et des Administrations publiques est établi rue Basse, n.° 28.

Le départ pour Paris a lieu tous les jours. Cette diligence passe un jour par Amiens, et l'autre par St. Quentin.

Par l'une et l'autre route, le départ

est fixé à cinq heures précises du matin; on arrive à Paris le lendemain soir, à huit heures en hiver, et à cinq heures en été. Cette marche, qui offre aux voyageurs l'avantage de ne passer qu'une nuit en route, est invariable et maintenue en toute saison.

Le service de Lille à Anvers se fait en poste. Marlier et compagnie, Entrepreneurs et correspondans de l'Entreprise générale rue Notre-Dame-des-Victoires, à Paris, font partir chaque jour, de ce même bureau, à six heures du matin, une diligence pour Anvers, Bruxelles, Ostende et Flessingue.

Il part, de l'Hôtel de Portugal, rue Équermoise, tous les jours, une diligence pour Dunkerque, à cinq heures du matin; elle correspond avec Calais.

De l'Hôtel des Mousquetaires, rue

Équermoise, il part également tous les jours, à six heures du matin en été, et à sept heures l'hiver, une voiture pour Arras.

Pour Béthune, une voiture les Mercredis, Vendredis et dimanches, à cinq heures et demie du matin l'été, et à sept heures l'hiver.

Pour Tournay, une diligence tous les jours à trois heures et demie l'été, et à deux heures et demie l'hiver.

Pour Douay, tous les jours à cinq heures du matin.

Rue Équermoise, Hôtel de Villeroy, il part tous les jours une diligence pour Douay à deux heures après-midi en hiver, et à trois heures en été.

Pour Tournay, une diligence à deux heures après-midi en hiver, et à trois heures en été.

Place et Hôtel du Lion d'or, poste aux chevaux, une voiture part tous les jours pour Douay, correspondant avec St. Quentin par Cambrai, à cinq heures du matin.

Une autre voiture part tous les jours pour Valenciennes, à cinq heures du matin.

A la Tranquilité, rue des Bouchers, deux voitures partent tous les jours pour Armentières, l'une au matin à sept heures en été, et à huit heures en hiver; l'autre au soir, à cinq heures en été, et à quatre heures en hiver.

Du faubourg de la Barre, il part tous les jours une barque pour Douay, à cinq heures du matin en été, et à sept heures l'hiver.

A l'arrivée des Messageries de Tourcoing, près la porte de Gand, il part tous jours pour Tourcoing, excepté le [di]manche, une diligence, à cinq heures [du] soir, qui repart de Tourcoing pour [Li]lle à dix heures du matin. Le messa[g]er de Tourcoing, entrepreneur de [ce]tte voiture, se charge du transport [de]s marchandises, partant à cet effet [de] la même maison avec un charriot [to]us les jours à six heures du soir.

LOTERIE ROYALE.

Le tirage de la Loterie Royale d[e]
France a lieu tous les premiers, onz[e]
et vingt-un de chaque mois, dans [la]
salle du Conclave. On a établi à Lill[e]
sept Bureaux.

DOUANES.

Le Bureau principal des Douanes est établi rue du Molinel, et ressort de la direction de Dunkerque.

MANUFACTURES.

Lille emploie dans ses manufactures un grand nombre d'ouvriers. On y fabrique des fils retors, des dentelles, des fils à dentelles, des cotons à tisser, à tricoter, à broder, à marquer. Depuis quelque temps, les filatures de coton s'y sont singulièrement multipliées. Il y a aussi des fabriques de toiles blanches et grises, couvertures, tapis de pieds, cardes pour filatures, toiles à matelas, toiles peintes, draps, pinchinats, serges, ratines, étamines, callemandes, camelots, coutils; des teintureries en soie, fil oton; des imprimeries d'indiennes; les rafineries de sucre, sel et savon; les distilleries de genièvre; des tanneries; des épurations d'huile; une manufacture de porcelaine, de faïence et de poteries.

COMMERCE.

Le principal commerce consiste dans les huiles, les lins, les grains et les graines de toute espèce, les toiles de ménage, de linge de table, l'épicerie, droguerie, vins et eaux-de-vie, charbon de houille, etc.

FOIRES.

En 1355, Jean, Roi de France, accorda aux marchands huit jours de sauf-conduit, pour venir à la foire de Lille, et huit jours pour retourner; le même droit fut confirmé par ses successeurs.

Aujourd'hui il se tient une foire pour toutes sortes de marchandises, le 30 août; elle dure huit jours : il y en a trois autres pour les chevaux, qui durent chacune trois jours; elles commencent les 13 Mars, 26 Juin et 14 Décembre.

JOURNAUX.

Il s'imprime à Lille deux feuilles publiques :

1.° Le journal du département du Nord ; il paraît tous les jours, publie les nouvelles politiques, des articles de statistique, d'économie publique, de littérature, spécialement pour tout ce qui concerne le département.

2.° La feuille d'affiches, annonces et avis divers de Lille. Elle paraît aussi tous les jours et publie les annonces, avis, arrêtés, nouvelles politiques et proclamations.

PRINCIPAUX HOTELS.

Les Auberges les plus remarquables ont :

L'Hôtel de l'Europe, rue Basse ;

———— de Gand, Grand'place ;

———— du Commerce, rue Équernoise ;

———— du Lion d'or, Place du même nom ;

———— de Mariembourg, rue Équernoise ;

———— de la Cloche, Place du Théatre.

———— et de Villeroy, rue Equernoise.

NOTICES

Sur les Hommes célèbres ou d'un mérite distingué que Lille a produits, avec l'indication de leurs principaux ouvrages, en tous genres.

ALAIN de Lille. L'année de la naissance de cet écrivain, surnommé le Docteur universel, est inconnue. On n'est pas d'accord sur l'époque de sa mort; les uns la fixent en 1182, et les autres en 1294. Il a laissé :

1.° Super sententias, opus quadri partitum.

2.° In Pentateucum (Libri V).

3.° In Cantica Canticorum. (Lib. 1.)
4.° Anti-Claudianus.
5.° De Parabolis.
6.° De Planctu naturæ contra Sodomitas.

L'édition la plus complète de ses OEuvres est celle publiée en 1653, par le P. Devisch.

.RCHIER (Etienne de l', ou LANCIER), né dans le 17.ᵉ siècle. Il fut Prieur du couvent des Ermites de St. Augustin; on ignore la date de sa mort. Il a laissé l'ouvrage suivant :

Origo magnitudinum Majestatis Reginæ Cælorum. Leodii 1634.

.VILA (Balthasard d') né en 1591, fut Chanoine de St. Pierre; entra ensuite dans l'Ordre des Minimes, dont il fut nommé Général en 1649; il mourut dans sa patrie en 1668. Il a laissé :

Manipulus Minimorum. Insul. 1667.

.ARBIEUX (Antoine) Dominicain au couven

de Lille, sa patrie, mourut en 1678, âgé de 71 ans. On a de lui :

L'Antidote du Rosaire contre la peste, imprimé à Lille en 1646.

Un Traité des devoirs des Frères et Sœurs de la pénitence de l'Ordre de Saint-Dominique, et quelques livres de piété.

BAUDIER (Dominique), né le 8 Avril 1561, devint un savant Jurisconsulte, et fut Professeur d'éloquence à Leyde; il vint à Paris, s'y fit estimer, et mourut à Leyde en 1613. Ses ouvrages sont:

Jamborum Liber, imprimé en 1591.

L'édition d'Amsterdam 1640, contient les ouvrages suivans:

1.º Jamborum Funeralium Liber.
2.º Trochaïcaum Liber.
3.º Gnomarum iambicarum Libri IV.
4.º Odarum Libri II.
5.º Heroïcorum Liber.
6.º Variorum Carminum Farrago.
7.º De Induciis belli Belgici.

8.º Epistolarum duæ centuriæ.

9.º Baudii amores.

.VARIUS (Ægidius), Jésuite, est l'auteur de

Musa Catholica Maronis seu catechismus Petri Canisii.

Ouvrage composé en vers latins, à l'imitation de ceux de Virgile, et imprimé à Anvers en 1622. On a aussi de lui un livre en vers latins, dont la plupart sont tirés des OEuvres de Virgile, et intitulé Passio Dominica. Il mourut à Gand en 1627.

.ONDEL (Jacques), Chirurgien, né vers le milieu du 16.ᵉ siècle, a traduit :

La Chirurgie militaire et escrite en latin par Nicolas Godin, Anvers 1558, in-8.º

JUCK (Jean Le), Avocat, né vers la fin du 16.ᵉ siècle, est auteur d'un livre intitulé :

Coustumes et usages de la Ville, taille, Banlieue et Eschevinage de Lille, avec les

Commentaires et receuils de M. Jean Le Bouck, Jurisconsulte Lillois. Douay, 1626.

BOURIGNON (Antoinette), née en 1616, morte à Franeker, dans la Frise, en 1684. Elle s'acquit de la célébrité par ses visions; ses OEuvres dévotes ont été imprimées en 19 volumes in-8.°

BRAEM (Antoine), né en 1627, se fit Jésuite à 18 ans, professa les Humanités pendant onze ans, et mourut pieusement à Valenciennes le 16 Octobre 1656; il ne nous reste de lui que

Thesaurus Variarum exercitationum spiritualium in gratiam sedalium beatæ Virginis Mariæ. Tornaci 1653.

BRESOU (Étienne-Séraphin-Joseph), né le 30 Juin 1738, exerça à Lille la profession d'Avocat. Il a laissé un livre intitulé Anecdotes de Jurisprudence, et un petit recueil in-8.° imprimé à Lahaye en 1767, sous ce titre: Un peu de Tout, ou Mélanges de piéces fugitives, en prose et en vers, avec cette devise : *Hæc otia...* On y distingue les morceaux suivans :

Baltazar, poëme.

Hymne à l'Amour et à l'Amitié.

Lycoris, ou l'origine des Lettres.

Les trois Souhaits, conte moral, et quelques Prologues.

Bresou mourut à Lille en 1793, âgé de 55 ans.

ıdoul (Toussaint) né en 1595, mourut en 1672. Ce Jésuite nous a laissé :

1.° Le Triomphe annuel de Nôtre-Dame. Lille 1640.

2.° La Vie de François Cajétan, Jésuite, traduite de l'italien. Lille 1641.

3.° La Boutique sacrée des saints et vertueux Artisans, dressée en faveur des personnes de cette vocation. Lille 1650.

4.° Itinéraire pour la vie future. Lille 1663.

5.° L'Enfer fermé en considération des peines des damnés. Lille 1671.

6.° L'Ecole de l'Eucharistie établie sur le respect miraculeux que les bêtes ont quelquefois du Sacrement de l'Autel. Lille 1672.

CHOQUET (François-Hyacinthe), né vers l'an 1580, se fit Dominicain et mourut en 1645. On a de lui :

1.° Laudatio Sancti Thomæ Aquinatis Duaci 1618.

2.° Triumphus Rosarii. Antuerpiæ 1641.

3.° Sancti Belgii ordinis patrum prædicantium. Duaci 1618.

Et sept autres ouvrages ascétiques.

CLERC (Hubert), né en 1531, Prêtre et Chapelain de St. Pierre, mourut en 1618. Il est auteur de quelques pièces de vers parmi lesquelles on distingue les Pseaumes de David, des Élégies, des épitaphes, etc.

Ces pièces furent imprimées à Tournay, en 1610.

COINTREL, Médecin et Naturaliste du 18.ᵉ siècle, professa la Phytologie au Jardin des plantes de Lille depuis 1750 jusqu'en 1760. Il est l'auteur du

Tableau des plantes du Jardin botanique établi à Lille en 1751.

COTTIGNIES, dit Brûle-Maison.

Cet homme singulier, né en 1679, ne reçut aucune éducation. Guidé par son originalité naturelle, sa gaîté et son esprit mordant, il se fit une grande réputation dans le pays; il mourut à Lille en 1740. Il est auteur d'un recueil de Chansons en patois burlesque.

COULTURE (Gilles de la), né au milieu du 16.ᵉ siècle, embrassa la religion de Calvin, qu'il quitta bientôt. Il a publié l'ouvrage intitulé:

Rescriptions faites entre M. Gilles de

la Coulture, Lillois, depuis son retour du Calviniste au giron de l'église romaine, et M. Antoine Lescaillet, encore Ministre Wallon en la ville de Cantorbery, etc. Anvers, Christophe Plantin, 1588, in-8.º

CUVILLON (Jean), Jésuite, né en 1520, fut Orateur et Théologien d'Albert Duc de Bavière au Concile de Trente; il mourut en 1581, et nous a laissé :

1.º Assertiones, seu conclusiones deductæ in Epistola priore Divi Sancti Pauli ad Corinthios, 1554.

2.º Questiones in Psalmos.

CRESPIN (François, surnommé de bonne espérance) né en 1617, fut un des plus célèbres religieux de l'Ordre des Carmes. Il mourut à Bruxelles en 1677; il a laissé les ouvrages suivans :

1.º Historico Theologicum Carmeli Armentarium quibus tela seu argamenta in ordinis Carmelitani antiquitatem, et originem vibrata, feruter et suaviter enervantur. Antuerpiæ et Parisiis 1661.

2.° Apologema retortum seu relicta disputatio apologetiæ de ignorantiâ invincibili et opinionum probabilitate. Antuerpiæ 1665.

3.° Philosophia universa.

4.° Noctua Belgica ad aquilam Germanicam.

5.° Christi Fidelium parochiale apologeticum.

6.° Contra Parochophylum. Bruxellæ 1667.

7.° Christi Fidelium contritionale.

8.° Visio Elia de Immaculatâ Conceptione.

9.° Motivum Juris pro legitimâ excusatione provincialium ordinum mendicantium, à contributionibus, impositionibus, gabellis, etc.

10.° Liber apologeticus pro Joanne XLIV Episcopo.

DECAMP (Mathieu, ou a Castro), Religieux de l'Ordre des Chanoines réguliers de Phalempin, puis Abbé de ce Couvent. On ignore l'année de sa naissance; il mourut en 1597, et laissa les ouvrages suivans :

1.° Epitome Commentariorum Cornelii Jansenii. Antuerpiæ 1593.

2.° Noctes, Hyemales et Æstivales.

3.° Commentarium in Psalmos.

Et quelques autres productions de ce genre.

DECROIX (Louis), Pharmacien, mort en 1816, Membre de la Société des Sciences et Arts de Lille, était né en 1725. On a de lui :

1.° Physico-Chimie Théorique, 1 vol. in-8.°

2.° Avis instructifs d'un père à ses enfans, 1 vol. in-12.

DELECAMBE (Jean Joannes à Cambia) surnommé Gantois, Fondateur de l'Hospice de ce nom ; il était d'une famille illustre de cette ville ; il entra dans l'ordre des Minimes et professa la Théologie à Lyon ; il nous a laissé :

Thesaurus Theologorum.

Delvaux (Remi), né en 1750, élève de Lemire, a gravé plusieurs pièces du Cabinet de Choiseul, ainsi que plusieurs vignettes d'après Moreau, Marillier et autres.

Dubois (Jean), ou Silvius, Médecin célèbre, naquit au commencement du 16.e siècle, fut Professeur à l'École de Médecine de Douay, et mourut en 1576, après avoir publié :

1.° Academiæ Duacensis et Professorum ejusdem Encomium ; en vers héroïques. Duaci 1563.

2.° Dialogi seu privatæ puerorum collocutiones.

3.° De Morbi articularis curatione, 1565.

4.° Tabulæ Pharmacorum, 1568.

5.º Declaratio de lue Venereâ, 1557.

Dufour (Michel, Michael Defurno), né vers l'an 1285. Cet écrivain nous a laissé :

1.º Lectura scholastica in Canticum Canticorum.

2.º Postilla super Danielem.

3.º Idem super Matheum.

4.º Idem super Lucam.

5.º Idem super Apocalypsim.

6.º Collationes de Sanctis.

Dutoict (Nicolas), Jésuite, né en 1611, publia l'Histoire des Jésuites au Paraguay, et y mourut, à l'Assomption, en 1680.

Farvacques (François), Augustin, né en 1622, professa la Théologie à Louvain, où il mourut en 1689. Voici ses ouvrages les plus marquans :

1.º Questio quod libetica de attritione. Lovanii 1665.

2.º Apologia proxenio dilectionis. Ibid 1669.

3.° Vindiciæ veritatis et charitatis. Ibid. 1669.

4.° Disquisitio Theologica an peccata mortalia sunt in Sacramento Confessionis explicanda. Lovanii 1665.

FAUBERT (Pierre-Éloi-Joseph), né en 1767, eut quelques succès dans la poésie; il a traduit en vers français des Pseaumes de David.

FEUTRY (Amé-Ambroise-Joseph), Avocat au Parlement de Flandres, né en 1720. Il est connu par plusieurs ouvrages :

1.° Opuscules poétiques et philologiques. Paris 1771, in-8.°

2.° Manuel Tironien. Paris 1775, in-12.

3.° Choix d'Histoires. Londres 1779, in-16, 2 vol.

4.° Nouveaux Opuscules. Dijon 1779, in-8.°

5.° Robinson Crusoé. Paris 1780, 2 v. in-12.

6.º Mémoires de la Cour d'Auguste, Traduits de l'anglais. Paris 1780, 3 vol. in-12.

7.º Le Livre des enfans et des jeunes gens sans études. Paris 1781, in-16.

8.º Discours philosophiques sur l'homme, sur la religion et ses ennemis. 1782, in-12.

9.º Essai sur la construction des voitures à transporter les lourds fardeaux dans Paris. 1781, in-8.º

10.º Supplément à l'art du Serrurier, traduit du hollandais. 1781, in-f.º

Ses trois poëmes les Tombeaux, les Ruines et le Temple de la Mort, sont fort estimés.

Il termina lui-même ses jours en 1789.

FLAMENG (Jean), Dominicain, mort en 1490. Il fut bon Prédicateur et publia l'ouvrage intitulé :

Sermons français pour tous les jours du Carême.

OURMANTEL (Agathon), Poëte satirique, naquit à Lille en 1772, et y mourut dans la misère en 1806. Les Dégoûts du Métier, l'Epître à Dieu et l'Epître au Diable sont ses ouvrages les plus estimés.

AUTHIER de Châtillon composa, vers l'an 1170, l'Alexandriade, poëme épique latin, en dix chants. Cet ouvrage a été imprimé à Strasbourg en 1531, à Ingolstad, à Lyon en 1558, et à Ulm en 1559. Il est aussi l'auteur de Tres Libelli Contra Judæos. On croit qu'il est mort à Castiglione, d'où provient son surnom (Gualter de Castellion).

AUTIER, Évêque de Maguelonne, confondu quelquefois avec le précédent, naquit vers l'an 1070, et mourut en 1129. On a de lui un ouvrage intitulé :

Epistola Domini Walteri Magalonensis Episcopi ad Robertum Insulanum prepositum, de Floribus psalmorum a Beato memoriæ Lamberto Sancti Rufi abbate collectis.

GHEWIET (Georges de), né vers la fin du 17.e siècle, fut Avocat au Parlement des Flandres, et auteur d'un ouvrage intitulé:

Institution du Droit Belgique, tant par rapport aux dix-sept Provinces qu'au pays de Liège, avec une méthode pour étudier la profession d'Avocat. Lille 1736, 2 vol. in-12.

GIELÉE (Jacques-Mars), fut regardé comme le Dom Cervantes du 13.e siècle.

Il composa, en 1290, son roman du nouveau Regnard, traduit en prose française sous ce titre: Le Renard, ou le Procès des bêtes. Bruxelles, Pamels et Devos, 1789, in-8.º

Haetman-Schopper le traduisit en vers latins. Cette imitation fut imprimée à Francfort en 1567, 1574, 1580 et 1588, in-8.º

GODEFROI (Denis), fils de Théodore Godefroi, Archiviste distingué, fut nommé, en 1668, Directeur de la Chambre des Comptes à Lille, et y mourut en 1681. Il a laissé :

1.º Le Cérémonial de France, 2 vol. in-f.º

2.º L'Histoire des Officiers de la couronne commencée par Le Féron.

3.º Mémoires et instructions pour servir dans les négociations et affaires concernant les droits du Roi.

Il a aussi enrichi de notes la réimpression des histoires de Charles VI, Charles VII, Charles VIII, par Jean Chartier, Juvenal des Ursins, etc.

GODEFROI (Jean), fils du précédent, succéda à la place de son père et fut aussi Procureur du Roi au bureau des finances de Flandres; il mourut en 1732. On a de lui :

1.º Des Mémoires de Philippe de Comines, en 5 vol. in-8.o, imprimés à Bruxelles en 1723.

2.º Des Lettres de Rabelais.

3.º Des Mémoires de la Reine Marguerite.

4.º De la Satire Ménipée en 1726.

5.º Du Journal de Henri III.

Une dissertation curieuse intitulée *la véritable fatalité de St.-Cloud près Paris*. Ainsi que des fragmens d'histoire sur la Ligue et les Ligueurs.

GOSSELIN (P. F. J.), né en 1751, est auteur de plusieurs ouvrages fort estimés sur la Géographie ancienne ; savoir :

1.º Géographie des Grecs analysée. Paris 1790, 1 vol. in-4.º

2.º Recherches sur la géographie systématique et positive des anciens. Paris 1798, 4 vol. in-4.º

3.º Géographie de Strabon. 1807, in-4.º, tom. 1, 2 et 3.

4.º Observations générales sur la manière de considérer et d'évaluer les anciennes Stades itinéraires. Paris 1805, in-4.º

Son premier ouvrage fut couronné par l'Académie des inscriptions et belles-lettres, en 1789.

C'était la Géographie des Grecs analysée.

HANGOUART (de) Cette famille a produit :
WALLERAND de Hangouart, Doyen de St. Pierre, Aumonier de Charles-Quint ;
GUILLAUME, son frère, Président de la Cour d'Artois, également fort estimé de cet Empereur ;
ROGER, célèbre Jurisconsulte né au commencement du 16.ᵉ siècle et mourut en 1570 ; il nous a laissé un ouvrage intitulé :

Répertoire des Lettriaiges estant en la Salle de Lille, et des registres faits par Roger Hangouart.

HANETON (Guillaume), né en 1506, fut un célèbre Jurisconsulte; il mourut en 1586. On a de lui :

1.º De Jure Feudorum, Libri quatuor. Coloniæ-Agripp. Arnoldus Birckmannus, 1564, in-8.º

2.º Tractatus de ordine et forma judiciorum. Francofurti, apud Christophorus Egenolphum.

HAUTIN (Jacques), né en 1599, se fit Jésuite en 1617.

Il professa la Philosophie à Douai, et mourut à Lille en 1671. Il a publié :

1.º Angelus Custos, seu de mutuis Angeli custodis, et clientis Angelici officiis tractatus. Antuerpiæ 1620, in-16, et 1636, in-24.

2.º Rhetorica adolescentum ingeniis accomodata. Duaci, in-12. Insulis 1669.

3.º Sacramentum amoris Eucharistia, opus Theologico concionatorium, duobus libris exhibitum. Insulis 1650, in-folio.

4.° Vita P. Vincentii Carafæ, septimi Societatis Jesu Generalis, etc. Leodi 1655.

5.° Advocatus purgatorii. Colon. 1659.

6.° Patrocinium fidelium defunctorum ad usum præsertim eorum, qui per octavam connonantur. Leod 1664, in-folio.

7.° Novum opus de novissimis improbo acerbissimis, probo suavibus, Angelo custodi ad scriptum, non modo terrendis impiis, etc. Insulis 1670.

HAYE (Guilbert de la), Dominicain, né en 1640, mourut en 1692. Nous a laissé :

1.° La Vie des Saints Martyrs Lugle et Luglian, honorés à Lillers en Artois. Lille, Derache, 1673, in-12.

2.° Fondation d'un monastère de Ste. Marguerite à St.-Omer. Douay 1682, in-8.°

HELMAN (Isidore-Stanislas) né en 1743, fut élève de Lebas et a gravé divers sujets et paysages d'après Leprince, Robert,

Baudouin, Lavereuse, Lagrenée, Monnet, Bertaux, Moreau et Watteau, ainsi que la suite des batailles de la Chine, en petit

HENNOTELLE (Ange), Dominicain, né en 1678, fut député de sa Communauté à Paris, et publia l'ouvrage suivant :

Réponse à un Mémoire publié sur le différent qui existe entre M. l'Evêque de Tournay et les Religieux de son Diocèse. Lille 1672.

HENRI (Pierre), Poëte satirique, né en 1638, était contemporain du célèbre Boileau, qu'il s'attacha avec acharnement à critiquer. Despréaux ne lui répondit point et l'enflamma encore davantage en paraissant dédaigner d'entrer en lutte avec lui. Il mourut en 1708, âgé de 70 ans, et nous a laissé des satires, épîtres et autres poésies.

HEYLINCK (Piat), né en 1623, se fit Dominicain en 1639, et mourut à Douay en

1669, après avoir publié les opuscules suivans :

1.° Panégyriques des illustres éloges de la Mère de Dieu. Douay.

2.° Le Vœu du Rosaire. Tournay 1669.

Hæmus (François), né en 1521, se fit prêtre en 1536, et se distingua dans la poésie ; il mourut à Courtray en 1587. Nous avons de lui :

1.° Sacrorum Hymnorum libri duo, cum Sylva Variorum Carminum. Insul. 1556.

2.° Poemata Varia. Antuerpiæ 1578 et 1630.

3.° Poemata Scholia in Virgilium, Horatium, Ovidium, etc. Fortuitum urbis Inlensis incendium trecentarum pænè ædium. Anno 1545, Septemb. En vers.

Hugues (Jacques ou Hugon) Chanoine de l'Eglise de St. Pierre, est connu par les ouvrages suivans :

1.° Specimen optimi Generis explanandi scripturas novem psalmorum expositione. Editioni Insul. 1646.

2.° Explanatio in Cantica Canticorum, Duaci 1649.

3.° Vera Historia Romana seu origo latii vel italice ac Romanæ urbis è tenebris longæ vetustatis in lucem producta. Ce livre, imprimé à Rome en 1655, fut prohibé en 1656, par la Congrégation des Judes.

Jardin (Jacques du), Jésuite, né en 1585, professa l'éloquence pendant quelques temps et se fixa ensuite à Liège, où il mourut en 1633. On a de lui:

1.° Elegiarum de Christo B. M. Virgine, et aliis libri III.

2.° De Arte forensi ad Jurisperitos. Libri II. Duaci, Antuerpiæ et monasterii Westphaliæ 1636.

Ladesou (Othon), né en 1587, se fit Jésuite en 1610, et mourut à Hesdin, en 1630. Il a publié :

Occupatio quotidiana adolescentis Studiosi montibus Claudius Henon. 1629.

ENCEAU (Jean), né vers la fin du 15.ᵉ siècle, se fit Dominicain en 1500, il composa, avec le père Nockart, l'ouvrage suivant :

Antonii de Cezaro Parmensis, Medulla Sermonum, recognita et emendata. Parisiis 1515. Il mourut en 1534.

LEQUEUX (Michel-Joseph) Architecte, né le 25 Décembre 1756, et assassiné le 15 Avril 1786, par un jardinier à qui il donnait des ordres, en dirigeant les travaux de l'intendance.

La Salle de spectacle, les hôtels des Comptes, d'Avelin, de Petitpas et l'Intendance nous font voir combien cet Artiste, enlevé à la fleur de son âge, donnait d'espérance aux amis des arts.

Lestiboudois (François-Joseph), fils de Jean-Baptiste Lestiboudois, Médecin et Naturaliste, se distingua dans la Botanique et fut Professeur d'histoire naturelle à Lille. Il publia les ouvrages suivans :

1.° Botanographie Belgique, 1 volume in-8.°

2.° Botanographie Belgique, 4 vol. in-8.°, 2.ᵉ édition.

3.° Abrégé élémentaire de l'Histoire naturelle des animaux, à l'usage de l'école centrale du Département du Nord. 1 vol. in-8.

Liénard (Jean-Baptiste), élève de l'Académie de dessin, à Lille, fut une graveur estimable. Il a laissé :

Les Délices de l'Eté d'après Leprince ;

Une grande Ruine pittoresque d'après Robert ;

Plusieurs Paysages et Sujets pour la suite du voyage d'Italie de l'abbé de Saint Non, etc.

Lobe

LOBEL (Mathias de), né en 1538, se rendit célèbre dans la Botanique; nommé Médecin et Botaniste de Jacques I.er, il se fixa à Londres, où il mourut en 1616.

Les ouvrages que l'on connaît de cet auteur sont :

1.° Adversaria observationes et illustrationes stirpium. 1570.

2.° Stirpium Adversaria nova. Antuerpiæ, Plantin, 1576, in-f.°

3.° Plantarum seu Stirpium historia. Antuerpiæ, Plantin, 1576, in-f.°

4.° Historia Stirpium. Antuerpiæ 1576, in-f.°

5.° Plantarum icones. Antuerpiæ 1581, in-f.°

6.° Balsami explanatio. Londini 1590, in-4.°

7.° Stirpium Adversaria. Lond. 1605, in-f.°

8.° Stirpium illustrationes. Londini 1655, in-4.°

Longueil (Joseph de), Graveur, né en 1736. On a de lui :

Deux Marines, vues de Naples, d'après Metay.

Les Modèles d'après Leprince.

Le Cabaret flamand et la Halte flamande d'après Ostade.

Le Ménage des bonnes gens, d'après Lepicié et Aubry.

Plus, nombre de vignettes et quelques portraits.

Maillotte. Cette nouvelle Jeanne d'Arc est célèbre dans les annales de Lille par la conduite héroïque qu'elle tint le 29 Juillet 1582, quand les Huguenots de Menin tentèrent de surprendre la ville. Cette action mémorable fut le sujet de plusieurs tableaux que l'on conserve encore aujourd'hui dans différens cabinets. Sa maison était située alors dans le faubourg de Courtray et s'appelait le Jardin de l'arc. Depuis l'agrandissement, cette maison se trouve située sur la place des Bleuets et n'a point changé de nom.

MAISTRE (Guillaume le), Médecin, mort en 1585, n'a publié qu'un ouvrage, sous le titre suivant :

Isagoge Therapentica de sævitia, curatione et præventione pestis. Venet. 1572, in-12, et Francof. 1572.

MASQUELIER (Louis-Joseph), né en 1711, que la mort vient d'enlever aux arts, fut un excellent Graveur. Parmi les ouvrages qui ont immortalisé son burin, on distingue :

Trente-six livraisons du voyage de la Suisse, in-f.°, six gravures par livraison.

Les Garants de la félicité publique d'après St.-Quentin, et les Vœux du peuple confirmés par la religion, d'après Monnet.

Cinq estampes du voyage de la Pérouse.

Un grand nombre de sujets de tableaux, bas-reliefs et camées dans le bel ouvrage de la Galerie de Florence confiée à sa direction.

Masquflier (Nicolas-François-Joseph, dit le jeune), né près de Lille en 1760, était parent et élève du précédent; il mourrut à Paris, en 1809, et a donné au public :

1.º Un intérieur de Corps-de-garde hollandais, d'après Palamède.

2.º César jetant des fleurs sur le tombeau d'Alexandre, d'après Bourdon.

3.º L'Extrême-Onction, d'après Jouvenet.

4.º Un Christ à la colonne, d'après Lesueur. Ces quatre planches, ainsi que différentes eaux fortes, ont été faites pour le muséum de MM. Robillards à Paris. Il a laissé des vignettes et des places maritimes estimées, ainsi que plusieurs bas-reliefs, plafonds et camées pour la Galerie de Florence.

Mathon (Alexis), mort dans le dernier siècle. Ses œuvres, qui sont en petit nombre, se composent de poëmes, d'odes, d'épigrammes et de fragmens de tragédie.

Miclot (Jean), Chanoine de St. Pierre, vécut dans le 15.ᵉ siècle. On connaît de lui :

   1.° Une traduction des actes de Saint Adrien, qu'il dédia au Duc Philippe-le-Bon, où l'on trouve des particularités qui ont échappé aux Bolandistes.

   2.° Une traduction du Traité des quatre dernières choses faites en 1453, et imprimée à Anvers en 1483, in-4.°

Molan (Jean), né en 1533, fut Docteur et Professeur de Théologie à Louvain ; il mourut en 1585, et fut enterré dans l'église de St. Pierre.

   Voici ses principaux ouvrages :

   1.° Natales Sanctorum Belgii et eorum

chronica recapitulatio. Lovanii 1595, in-8.°, Duaci 1626, avec les augmentations d'Arnould de Raisse.

2.° Medicorum ecclesiasticum Diarium. Lovanii 1598, in-8.°

3.° Calendarium ecclesiasticum. Antuerpiæ 1574, in-12.

4.° Liber de Picturis et imaginibus. Lovanii 1570 et 1594, in-8.°

5.° De Historia Sacrarum imaginum et picturarum pro vero earum usu. Lov. 1595. Antuerpiæ 1617, 1619 et 1626, in-8.°

6.° De Fide hæreticis servanda, de Fide rebellibus servanda, de Fide ac juramento quæ à tyrannis exiguntur. Coloniæ 1584, in-8.°

MONTLINOT (Charles Leclercq de), Chanoine de St. Pierre, donna au public une Histoire de Lille, depuis sa fondation jusqu'en 1734, imprimée à Paris en 1764. Cet ouvrage, par l'acharnement que l'auteur mettait contre les établissemens religieux, lui attira de violentes persécutions; il mourut à Paris en 1801.

MONNIER (Pierre le), né en 1552, voulut, à l'âge de 56 ans, entreprendre le voyage de la Terre sainte; mais il s'arrêta à Rome et revint à Lille en 1610. Nous avons de lui: les Antiquités, Mémoires et observations remarquables d'épitaphes, tombeaux, colonnes, obélisques, arcs triomphaux, etc. vus et annotés dans les royaumes de France, d'Allemagne et d'Italie. Lille 1614, in-12.

MONNOYER (Jean-Baptiste), plus connu sous le nom de *Baptiste*, né en 1635, vint de bonne heure étudier à Paris. Il peignait très-bien les fleurs, et est peut-être supérieur aux peintres hollandais du même genre; il mourut à Londres en 1699. Ses principaux ouvrages sont en France dans les différens châteaux du Roi.

Mortier (Jérôme du), né en 1520, mort en 1580, nous a laissé :

1.º Un recueil de poésies latines en vers élégiaques, divisé en cinq Livres :

1.ᵉʳ De Studiis autoris.

2. De Rebus bello gestis.

3. De Bacchanalibus.

4. De Funeribus.

5. De Amore et odio.

Ces poésies ont été imprimées en 1620, chez Guillaume Riverins.

2.º De Victoria per comitem Egmondanum, apud Gravelingam obtenta.

Muette, Graveur du 17.ᵉ siècle. On a de lui les dix Pénitens dans le genre de Corneille Blomaert.

Nockart (Jean), Dominicain, mort en 1540; outre l'ouvrage auquel il a travaillé avec le P. Lanceau, il a publié :

Commentaria magistri ordinis, Thomæ de vio, Cajetani, in primam partem

Sancti Thomæ de Aquino summæ. Parisiis 1514, in-8.º

OUDEGHERST (Pierre d'), Avocat, né vers le milieu du 16.ᵉ siècle, se rendit célèbre dans la Jurisprudence, l'Administration et l'Histoire; il mourut à Madrid en 1571. On a de lui :

Les Chroniques et annales de la Flandre, contenant les héroïques et très-victorieux exploits des Forestiers et Comtes de Flandres, et les singularités et choses mémorables advenues audict Flandres, depuis l'an de N. S. J. C. 620 jusques à l'an 1476. Nouvellement composées et mises en lumière par P. d'Oudegherst, Docteur ès loix, natif de la ville de Lille. Anvers, C. Plantin, 1571, in-4°, dédié à l'Empereur Maximilien II.

L'ouvrage commence à Lidéric de Buc, et finit à la mort de Charles-le-Téméraire; on reproche à cet écrivain un peu de crédulité.

PANCKOUKE (André-Joseph), célèbre Imprimeur, né en 1700, mort à Paris en 1753. Outre les belles éditions qu'il a données au public, on distingue de lui les ouvrages suivans :

1.° Les Études convenables aux Demoiselles. Lille 1755, 2 vol. in-12.

2.° Manuel philosophique des Sciences. Lille 1748, 1 vol. in-12.

3.° Abrégé chronologique de l'Histoire des Comtes de Flandres. 1762, in-8.°

4.° L'Art de désopiler la rate. 2 vol. in-12.

5.° Dictionnaire des proverbes français, in-8.°

6.° Élémens de Géographie. Lille 1740, in-12.

7. Essai sur les Philosophes, in-12.

PANCKOUKE (Charles-Joseph), fils du précédent, né en 1736, se distingua non-seulement par ses vastes entreprises typographiques; mais encore par les ouvrages suivans qu'il a publiés :

1.º Mémoires mathématiques adressés à l'Académie des Sciences.

2.º Traductions de Lucrèce, de la Jérusalem délivrée et du Roland furieux. Cette dernière est en 10 vol. in-12.

3.º Discours philosophiques sur le Beau. 1779, in-8.º

4.º Autre sur le Plaisir et la Douleur. 1790, in-8.º

5.º Plusieurs Mémoires et Dissertations imprimés dans le Mercure et autres journaux. Cet homme infatigable est mort à Paris en 1799.

PATOU (François), célèbre Avocat, en 1686, mort en 1758; nous a laissé l'ouvrage intitulé :

Commentaire sur les coutumes de la ville de Lille et de sa Châtellenie, et conférences de ces coutumes avec celles voisines et le droit commun, 1788, 3 vol. in-f.°

PELARD (Gilles-Pierre-Henri), né en 1773, montra beaucoup de disposition pour les sciences; une mort précoce l'enleva en 1803. Son principal ouvrage est un roman pastoral intitulé *Nérelle*, ou l'origine de Lille. Il a laissé un grand nombre de pièces fugitives et quelques traductions.

PENNEQUIN (Pierre), Jésuite, enseigna la théologie à Douay et à Arras, et mourut en 1663. Ses ouvrages sont :

1.° Primum Societatis Jesu sæculum, en style élégiaque, imprimé à Douay et à Arras en 1651 et 1640.

2.° Isagoge ad amorem divinum. Mons et Anvers 1645 et 1661.

3.° Colloquia spiritualia in strenam anni. Mons 1651.

4.° De Triplici secessu interiori. Mons 1644.

Petitpas (Hypolite), Seigneur de Gamant, d'une famille noble et ancienne, se distingua vers l'an 1560, par ses poésies latines, qui n'ont pas été imprimées et doivent se trouver entre les mains de ses descendans.

Pipre (Antoine le), né d'une famille noble, donna au public un livre intitulé *Intentions morales*, imprimé à Anvers en 1622.

Porte (Jacques de la) écrivain du 17.e siècle, se fit Augustin. Il a laissé :

1.º Méditations sur les sept douleurs de la Vierge Marie, imprimées à Douay en 1645.

2.º Traité du pain béni de St. Nicolas de Tolentin. Douay 1647.

3.º Chronique du Couvent de Tournay.

Renard (Jean), Dominicain, enseigna la Philosophie à Lille en 1595. Nommé

Prieur de son Ordre à Bruxelles, il y mourut le 1.er Août 1610. On a de lui:

Philosophia universa, 2 vol. in-4.º

Tractatus in spheram, Joannis de Sacrobosco, in-folio.

Roland (Philippe), né dans le 18.e siècle, fit connaître de bonne heure ses talens pour la sculpture, en donnant aux arts la mort de Caton d'Utique et le portrait de Feutry; mais le cercle étroit d'une ville de province ne pouvait donner à son génie tout l'essor dont il était susceptible; il montra, à Paris, par vingt morceaux d'un mérite supérieur, qu'il était digne de figurer parmi les premiers Sculpteurs de la capitale. Il est mort en 1816.

Roulerins (Adrianus), né dans le seizième siècle, fut Professeur de poésie au Collége de Douay, où il composa et fit représenter une tragédie sous le titre de Stuart.

Le sujet était le martyre de Marie

Stuart, Reine d'Écosse. Cette pièce fut imprimée en 1593. Il revint à Lille où il fut nommé Directeur du Séminaire de St. Pierre, et il y mourut Curé de la paroisse de St. Sauveur.

Loux (Jean Le), vivait vers le milieu du 17.e siècle. Ses connaissances dans les archives de son pays le firent nommer Roi et Héraut d'armes à titre de la Province et Comté de Flandre, par lettres royales du 21 Août 1646. On a de lui :

Théâtre ou recueil de la Noblesse de Bourgogne, Brabant, Flandres, Artois, etc., avec une série des personnes anoblies depuis 1424 jusqu'au commencement du 18.e siècle.

Loy (Allard Le), né en 1588, Jésuite en 1607, fit imprimer les ouvrages :

1.° Iter certum cœli, et modus efficax ad salutem, in-12, Tornaci 1621.

2.° B.a Virgo causa omnium bonorum et nota salutis, in-12. Ibid. 1622.

3.° Compendium Vitæ B. Francisci Borgia. Insul. 1624.

4.° La Vie de St. Lambert, traduite par Leroy. Liège 1634.

5.° La Vertu enseignée par les oiseaux. Liège 1653, in-12.

6.° La sainteté de la vie tirée de la considération des fleurs. Ibid. 1641.

7.° La Pénitence différée. Ibid. 1641.

Et plusieurs autres ouvrages de piété.

Le Père Leroy mourut à Liège en 1653.

Roy (François Le), né en 1592, entra en 1611 dans l'Ordre des Jésuites, professa la Théologie et la Philosophie à Douay et mourut à Rome en 1680. Il a laissé:

1.° Templum sapientiæ. Insul. 1664.

2.° Porticus Salomonis. Leodii 1668.

3.° Occupationem animæ Jesu Christi crucifixo devotæ. Prag. 1666.

4.° Exercitationem Theologicæ adversus hæreses ævi presentis. Leodii 1680.

oy (Thomas Le), Dominicain, né en 1637, enseigna la Philosophie à Douay. On connaît de cet auteur les livres suivans :

1.° Abrégé de l'institution de la confrérie de la Sainte Croix, canoniquement érigée dans l'église des Sœurs de l'hôpital de St. Jean l'Évangéliste à Wervick. Lille 1672, in-16.

2.° Le Culte de la sacrée Vierge Marie, défendu contre les avis (prétendus salutaires) d'un auteur anonyme (Jean Wiedusfelt.) St. Omer 1674, in-12.

3.° Les fruits et graces du Très-Saint Rosaire, tirés du Bullaire de la confrérie. Cologne 1677, in-12.

4.° La façon de bien et fructueusement réciter son Rosaire, avec un abrégé de toutes les indulgences, approuvé et confirmé par N. S. P. le Pape Innocent XI. Lille 1679, in-12.

UE (François de la), Médecin, né vers la fin du 15.ᵉ siècle, mort en 1585, est auteur de la Lythographie, publiée à Paris en 1547, et à Lyon en 1588 et 1652.

SCHEULLENS (Hyacinthe), né en 1617, Dominicain en 1634, mort en 1672; on a de lui:

Origine et progrès de la Confrérie des Ardans et de la Chapelle miraculeuse du Joyau. Lille 1660, in-12.

SIX (Jean) Curé de St. Étienne à Lille, parvint, par ses vertus, à l'Évêché de St. Omer; il mourut à Lille en 1588. Il a laissé:

Statuta et Decreta pro stabilium à Diœcesi. Duaci 1583.

Et quelques Homélies.

TAVERNE (Jean-Baptiste), Jésuite, né en 1622; enseigna long-temps la philosophie et la Théologie; il mourut à Douay en 1686, et nous a laissé:

Synopsis Theologiæ praticæ, 3 vol. in-12.

Thiroux publia, en 1730, une Histoire de Lille et sa Châtellenie ; son style est incorrect, trivial et diffus. On y trouve des détails précieux.

Wallerant (Vaillant), né en 1623, bon Peintre et habile Dessinateur, fut le premier qui ait gravé en manière noire. Il mourut à Amsterdam en 1677. On a de lui différentes estampes d'après Procaccini, Vandyck, Gerards, Raphael, Le Guide, Gerard de Lairesse, Franc-Hals, Corneille Bega, Adrien Brauwer, Carle Dujardin, Mieris, Metzu, Terburg.

Vaillant (Jean), frère et élève du précédent, naquit aussi à Lille, et se fit connaître par de bons tableaux.

Vaillant (Bernard), élève de Wallerant, se distingua dans le portrait au crayon, et mourut à Leyde. Il nous a laissé aussi une gravure en manière noire, représentant St. Pierre.

VAILLANT (Jacques), élève et frère de Wallerand, se distingua dans la peinture et surtout pour les sujets d'histoire; il fut long-temps employé par l'Électeur de Brandebourg, et mourut à Berlin.

VANDERMEER (Jean), né en 1627, fut habile Paysagiste et excella dans les tableaux de batailles et les marines; il périt dans une tempête en 1690.

WALLE (Théodore Van-de), ou Wallens, né vers la fin du 16.ᵉ siècle, entra dans l'Ordre des Ermites de St. Augustin. Voici les ouvrages qu'on connaît de lui :

Oratio de D. Thomas Aquinte, Doctore angelico habita Insulis Flandrorum in Templo P. S. predicatorum et oratio de frequenti memoriâ passionis, habita in Templo Sancti Augustini ad sodales philosophos. Lovanii 1631.

Divina Justitia Theatrum, sive Maria Othonis III, Imperatoris uxor, Tragœdia. Lov. 1631.

Orationes Mariana, mises au jour en 1636 par les soins de son frère Mathieu.

VINCART (Jean), Jésuite, né en 1593, bon Poéte, bon Prédicateur, mort à Tournay en 1679, a laissé :

1.º Virgo cancellata Insulis, cultu et miraculis celebris. Insulis. 1636.

2.º De Cultu beatæ Virginis.

3.º Sacrarum Heroïdum epistolæ. Tornaci 1629.

Et plusieurs ouvrages théologiques. On fit sur lui l'anagramme suivante :

Joannes Vincartius.
Nasonis arte vicinus.

VENDEVILLE (Jean), né en 1527, se rendit célèbre dans la Jurisprudence ; ayant embrassé par la suite l'état ecclésiastique, il fut nommé Évêque de Tournay, et y mourut en 1592. On a de lui les ouvrages suivans :

1.º De Principiis Juris.

2.º De Gentilibus, paganis, idolatris et hæreticis convertendis.

3.º Pastorale ecclesiæ Tornacensis.

4.º Statuta synodi Diocesanæ Tornacensis. 1589.

WARENGHIEN (Michel), né dans le 13.e siècle, Évêque de Tournay en 1283, mort en 1291. Il ne nous reste aucun de ses ouvrages.

WARTEL (Louis), Chanoine régulier de Cysoing, né en 1721, fit paraître les ouvrages suivans:

1.º Observations sur l'histoire de Lille. Ouvrage estimé dans lequel il attaque et renverse les erreurs de M. De Montlinot.

2.º Un Discours sur l'Histoire naturelle.

3.º Diverses poésies parmi lesquelles on distingue le Camp de Cysoing, pièce que l'auteur présenta à Louis XV à son passage à l'abbaye.

WARTEL (Jean-Baptiste), frère du précédent, mort le 30 Décembre 1805, fut un Avocat distingué; il a laissé dix volumes in-4.° composés de ses Mémoires. Son style élégant et concis le firent surnommer *la Plume d'or*.

WARTEL (Georges-Joseph), frère de ceux dont il vient d'être question, né en 1727, fut Bibliothécaire de l'Abbaye de St. Éloy en 1751.

Voici ses ouvrages :

1.° Mémoires sur quelques fossiles d'Artois, 1 vol. in-12 imprimé en 1765.

2.° Mémoire sur les limaçons terrestres de l'Artois. Arras 1768

3.° Les bêtes sensitives. Arras 1773.

4.° Réflexions sur une brochure intitulée les Singularités de la nature, par M. de Voltaire, 1 vol. in-12 imprimé en 1775.

5.º L'éloge historique de Messire Jérôme Pantiniano.

WATERLOOP (Clément), né à Lille vers l'an 1685, embrassa l'état ecclésiastique et fut Curé de Carvin-Épinoy. Les persécutions qu'il éprouva pour la constitution *Unigenitus*, le forcèrent de se retirer à Schoonkove près d'Utrecht, où il mourut en 1731. Il a écrit :

1.º Une lettre à M. de Coninck, vice-gérent de l'Officialité.

2.º Une autre lettre à l'Évêque de Tournay, suivie d'un mémoire justificatif.

WATTEAU (Louis-Joseph), né à Valenciennes en 1731, vint à Lille prendre la place de Professeur de Dessin de l'Académie de cette ville.

Ses principaux tableaux sont l'Ascension de Blanchard, la Fédération, le Bombardement de Lille et la Passion en lusieurs pièces qui se voit à l'église de Saint Maurice. Il a aussi peint des bamochades. Son dessin est correct, sa composition agréable; mais ses tableaux manquent de coloris.

CART (Jean-Baptiste), bon Graveur, Peintre correct, Dessinateur distingué, naquit en 1772. Comme Peintre, il fit preuve d'un grand talent dans son tableau du Jugement de Salomon; comme Graveur, il nous a donné un bas-relief antique, le Denier de César, et une jeune Dame pinçant de la Mandoline; comme Dessinateur, l'ouvrage de la Gallerie de Florence lui assure une des premières places dans cette partie.

CON (Georges), Docteur en Médecine, né vers le milieu du 17.ᵉ siècle, dédia aux Magistrats le Catalogue des plantes du jardin de Ricart, Professeur de Botanique de cette ville. Ce Catalogue parut en 1644, sous ce titre :

Botanotrophium seu hortus medicus Petri Ricarti, Pharmacopæi Lillensis celeberrimi, Curâ Georgii Wionii, artium Doctoris ac medici descriptus aceditus. Lillæ Gallo-Flandriâ, typis Simonis Lefrancq subsigno horologii solaris, anno 1644.

TITRE DE FONDATION DE S.ᵀ PIERRE.

18*

IN NOMINE

SANCTE ET INDIUIDU[E]

TRINITATIS,

UNIUS VERI DEI.

Quoniam ego, Baldeuuinus, Flandr[en]-sium Comes, Marchio, et Philippi Francor[um] Regis ejusque Regni Procurator et Baviu[s] secundum divinorum librorum testimo[n]y sciebam quod superue vocationis maneat h[e]reditas, quos in exercicium divini op[eris] bona excitat voluntas, cepi mecum singul[a] mentis consideratione speculari, quia c[um] divinorum mandatorum observatione ni[hil] alicui Dei cultori magis valeat esse ad [sa]lutem anime et corporis salubre, qu[am] ecclesias ad honorem Dei ejusque Sancto[rum]

(209)

AU NOM
DE LA SAINTE ET INDIVISIBLE
TRINITÉ,
D'UN SEUL ET VRAI DIEU.

Puisque moi, Bauduin, Comte de Flan-res, Marquis, Procureur et Bailli de Philippe oi des Français et de son Royaume, je ivais, d'après le témoignage des livres di-ins, que le véritable héritage est dans le iel, destiné à ceux qui se portent de bonne olonté aux œuvres de piété, je me suis ppliqué à considérer en moi-même qu'avec pratique des préceptes divins, rien n'était lus profitable à un serviteur de Dieu, tant our le salut de son ame, que pour la santé e son corps, que d'ériger des Églises en honneur de Dieu et de ses Saints là où on

ubi rationabiliter ac legaliter fieri potest edificare, qua propter sepius oculis cordis illud respiciens quod scriptum est, cui multum committitur, multum ab eo exigitur; et illud: qui domum Dei edificat in terris domum suam preparat in celis, preterea conjugis mee ADELE et filii mei BALDEUUINI fideli ac salubri acquiescens consilio, Basilicam in honore Sancti Petri Apostolorum principis a fundamento construens, congregationem Canonicorum in eadem, Dei clementiam pro anima mea et antecessorum meorum uxorisque mee ac filiorum meorum et omnium Dei fidelium die noctuque exorare institui, eisque ad usus necessarios de rebus possessionis mee tradidi que inferius continentur, libera videlicet omni modo et ab omni dominatione seu potestate cujus-

peut le faire, conformément à la raison et aux lois; c'est pourquoi considérant souvent avec les yeux du cœur ces paroles de l'écriture, qui annoncent que l'on exigera beaucoup de celui à qui l'on aura donné beaucoup; et celles-ci : que celui qui bâtit la maison de Dieu sur la terre, prépare sa propre demeure dans le ciel; et de plus, acquiesçant aux sages et salutaires avis de mon épouse Adèle et de mon fils Bauduin, et faisant construire dès ses fondemens un Temple en l'honneur de Saint Pierre, prince des Apôtres, j'ai établi un Collège de Chanoines chargés d'y prier instamment pendant le jour et la nuit la divine clémence pour le salut de mon ame, de celles de mes prédécesseurs, de mon épouse, de mes enfans et de tous les fidèles chrétiens, et je leur ai donné, pour leurs usages nécessaires, une portion de mes domaines détaillée ci-après, laquelle sera libre entiérement, et exempte de toute domination et de toute

quam absoluta excepta ejus quidem quem Prepositus et Canonici ejusdem ecclesie in loco à progenitoribus *Illa* nominato fundate, communi elegerint voluntate, qui et ipse quoque tamdiu et non ulterius eorum rebus presit, quamdiu eis placuerit.

In territorio Illensi, in villa que dicitur Ulma, viii mansos terræ; in villa Fredlenchehem, iii mansos et vi bonarios; in Vuascemin, iii mansos et iv bonarios; in Lechin, iii mansos et iv bonarios; in Schelmes, ii mansos et vii bonarios; in Anetieres juxta Pietre, i mansum; in Marham, xvi bonarios et iii partes unius bonarii; juxta fluvium Marcam, vii mansos et viii bonarios et tres partes unius bonarii; in Formestraus, xiv bonarios; in Doulesmuns, xv mansos; in loco qui dicitur Fins, ii mansos et x bonarios; in Marlera, i mansum; in

puissance quelconques, excepté seulement de celui que le Prévôt et les Chanoines de cette dite église fondée dans le lieu nommé par mes ancêtres *Illa*, auront choisi d'un commun accord, lequel, lui-même, ne gouvernera leurs biens et leurs affaires temporelles qu'autant qu'il leur sera agréable, et <u>non</u> au-delà.

Sur le territoire de Lille, au village nommé Lomme, je leur donne huit manses de terre; au village de Frélinghien, trois manses et six bonniers; à Vaschemi, trois mauses et quatre bonniers; à Lesquin, trois manses et quatre bonniers; à Esquermes, deux manses et sept bonniers; à Ennetières proche Pietre, une manse; à Marque, seize bonniers et trois quartiers; proche la rivière de Marque, sept manses huit bonniers et trois quartiers; à Fourmestraux, quatorze bonniers; à De slemous, quinze manses; au lieu nommé Fins, deux manses et dix bonniers; à Marlere, une mause; à Halluin,

Haluin, IV mansos et VI bonarios; apud Fles, I mansum; apud Fins, in honore Sancti Mauricii altare ea tamen ab Episcopo Balduino conditione concessum, ut ibi duabus personis Canonicorum electione positis cum secunda a vita discesserit non amplius decem ipsi Episcopo vel successoribus ejus solidis persolvantur pro restitutione similiter duarum personarum, et sic res inter eos omni tempore procedat. Apud Vuasemias, bodium ecclesie; apud Asuapiam, item bodium ecclesie; apud Bacedam, decimam unam; in suburbio ejusdem castri, id est Islensis unicuique Canonicorum cortile unum; infra castrum totam terram que adjacet ecclesie officinis et domibus clericorum aptam, cujus terminus est via veniens a septentrionali porta usque ad metam atrii versus meridiem, ab orientali vero parte murus aque contiguus pertingens per circuitum usque ad prefatam

quatre manses et six bonniers; à Flers, une manse; à Fins, le patronage et les droits de l'autel dédié en l'honneur de St. Maurice accordés par Bauduin, Évêque de Tournay et de Noyon, à cette condition cependant que lorsque la seconde des deux personnes qui y seront placées par le choix des Chanoines viendra à décéder, et non avant, il sera payé à cet Évêque, ou à ses successeurs, pour pareil remplacement de deux personnes, la somme de dix sols; ce qui aura toujours lieu par la suite. A Wazêmes, tous les droits de l'église dudit lieu; item à Annappes, les droits de l'église; à Bacede, une dîme; dans le faubourg de Lille, un courtil (jardin) à chaque Chanoine; dans Lille, tout le terrein nécessaire proche des sacristies de l'église et des maisons de clercs, commençant à la rue venant de la porte du nord jusqu'au bout du cimetière du coté du midi, et du côté d'orient au mur le long de l'eau s'étendant par un circuit jusqu'à la

portam. In territorio Cortracensi, apud Moscheron, v mansos; apud Godelingehem, bodium ecclesie et 1 mansum terre; apud Isingehem, vi mansos et vi bonarios; in territorio Sancti Audomari, apud Fleuecam decimam unam; in territorio Furnensi, in villa Eluerzenges, decimam unam; Flambertenges, decimam similiter unam; in territorio Iprensi, in villa Kembles, v mansos terre; apud villam Marcam, v mansos et tres partes bonarii; in territorio Brurgensi, in villa Rosleirs, medietatem bodii ecclesie et duas partes decimæ culturarum mearum; in parrochia ville que dicitur Esnes, in loco ovium Bircla nomine, iii bercarias et quarte tertiam partem, et insuper xx oves cum terra eis competenti; in Moneta Islensi, ebdomadariis missam pro defunctorum salute omni die celebrantibus, xiv denarios, viii presbitero, iv diacono, ii subdiacono;
cantori

lusdite porte. Sur le territoire de Courtray, à Moucron, cinq manses; à Godelingehem, les droits de l'église et une manse de terre; à Isenghem, six manses et six bonniers; sur le territoire de Saint-Omer, à Flenec une dîme; sur le territoire de Furnes, au lieu nommé Eluerzenges, une dîme; à Flambertengues, pareillement une dîme; sur le territoire d'Ypres, au village de Kembles, cinq manses de terre; au village de Marca, cinq manses et trois quartiers d'un bonnier; sur le territoire de Bruges, au village de Rosleirs, la moitié des droits de l'église et deux parties des dîmes de mes cultures; en la paroisse du village nommé Esnes, au canton des troupeaux nommé Bircla, trois bergeries et le tiers d'une quatrième, et, en outre, vingt brebis avec les pâturages compétens; sur la Monnaie de Lille, aux Semainiers qui célèbrent chaque jour la messe pour les morts, quatorze deniers, savoir huit au Prêtre, quatre au Diacre et deux au

cantori quoque de eadem moneta xx solidos, medietatem horum in dedicatione ipsius ecclesie, reliquum vero in Purificatione Marie. In prefato loco id est Bircla, II partes unius bercarie; bodium de Euerlingahem post obitum Raineri. Preterea ejusdem loci Preposito inferius nominanda constitui: apud Huvesc, IV mansos; apud Incesbeke, II mansos; apud Bazerol et Sarz et Crois, III mansos; in territorio Iprensi, apud Vuidegaz, V mansos; in Lotharii Regno juxta Aquasgrani, in loco qui vocatur Vols, VII mansos; in prefata villa scilicet Moscheron, II mansos ecclesie in dotalicio; in parrochia Altrenchehem, I bercariam; in foro Isle altare Sancti Stephani cum bodio; in suburbio, ejus curtile unum et molendinum I cum curtili. Quin etiam uxor mea elemosinarum

Sous-diacre; et au Chantre vingt sous de la même monnaie, dont moitié à la dédicace de cette Église, et l'autre à la Purification de la Vierge Marie. Dans le lieu susnommé, savoir : à Bircla, deux parts d'une bergerie; item les droits de l'Église de Verlinghem, après le décès de Rainier.

De plus, je dispose en faveur du Prévost dudit lieu, de tout ce qui suit; savoir : à Huvese, quatre manses; à Incesbeke, deux manses; à Baserol, Sars et Croix, trois manses; sur le territoire d'Ipres, à Widegas, cinq manses; dans le Royaume de Lothaire, proche Aix-la-Chapelle, dans un lieu nommé Vols, sept manses; dans un village déjà nommé, savoir Moucron, deux manses pour la dot de l'Église; en la paroisse d'Altrenchehem, une bergerie; sur le marché de Lille, le patronage et les droits de l'autel de Saint Étienne; dans le faubourg, un courtil et un moulin avec son courtil. De plus, mon

et remunerationis a Domino mecum particeps esse cupiens : et illius Dominici verbi reminiscens, hospes fui et suscepistis me, esurivi et dedistis mihi manducare; contulit supra dicte ecclesie villam in Attrebatensi pago sitam nomine Eslnes ad hospicium et refectionem pauperum, ea tamen ratione ut Canonici exinde singulis annis XL solidos habeant in ipsius dedicatione; dedit quoque preterea bodium ecclesie de Doulesmons Thesaurario ut ex eo uno quoque anno Canonici XII solidos recipiant in die psollempni Apostolorum Petri et Pauli quia eodem die celebrabunt anniversarium diem patris ejus Roberti Francorum quidem Regis, et pauperes panem modii varie annone, et duas caseorum pensas, sed et altare Sancti Petri in cripta ex eo omni tempore seculi

épouse désirant participer avec moi à ces dons, ainsi qu'aux récompenses du Seigneur, et se représentant ces paroles divines : *J'ai été étranger, et vous m'avez reçu ; j'ai eu faim, et vous m'avez donné à manger ;* a fait don à cette église, pour le gîte et la nourriture des pauvres, d'un village dans le pays d'Artois nommé Eslues (Arleux) ; à la charge cependant qu'à la dédicace de cette église, les Chanoines en retireront, pour eux, quarante sols par chaque année ; elle a donné aussi au Trésorier tous les droits de l'autel de Deuslemons, à la charge d'en rendre aux Chanoines, au jour solemnel des Apôtres Saint Pierre et Saint Paul, douze sols chaque année, parce que ce même jour ils célébreront l'anniversaire de son père, Robert, Roi des Français, et de distribuer aux pauvres un muid de bled méteil en pains et deux pesées de fromage ; et que de-là, à toujours, l'autel de Saint Pierre, au chevet

per noctium tempora indeficiens luminare habeat. Si quis autem his in aliquo contraire aut contradicere voluerit, centum libras auri persolvat, et bannum Regis, et quod temptavit irritum fiat. Actum apud Islam, in Sancti Petri Basilica, coram Philippi Francorum Regis presentia anno VII imperii ejus, anno ab incarnatione Domini millesimo LX. VI., indictione IV, astantibus quam plurimis nobilibus et idoneis testibus clericis atque laicis, ut autem hec traditio firma atque in omne tempus indissoluta permaneat, predictus Rex eam rogatu meo sua manu signavit, atque sigilli sui impensione firmavit. S. Balduini junioris Comitis; S. Ysaac de Valencines; S. Balduini Noviomensis Episcopi; S. Widonis, Ambianensis Episcopi; S. Drogonis, Taruennensis Episcopi; S. Fulcardi, Novio

de l'église, ait sans cesse une lumière ardente pendant la nuit.

Or, si quelqu'un vouloit agir ou parler au contraire de tout ce que dessus, qu'il paye cent livres d'or, qu'il encourre le ban du Roi, et que tout ce qu'il aura tenté de faire soit annulé de plein droit.

Fait à Lille, en la Basilique de St. Pierre, en présence de Philippe Roi des Français, la septième année de son règne, l'an de l'incarnation du Seigneur mil soixante-six, indiction quatre, présens un grand nombre de témoins nobles et idoines, tant clercs que laïques; et afin que cette fondation demeure ferme et indissoluble à toujours, ce même Roi, à ma demande, l'a signée de sa main et l'a confirmée par l'apposition de son sceI. Seing du jeune Comte Bauduin; S. d'Isaac de Valenciennes; S. de Bauduin, Évêque de Noyon; S. de Gui, Évêque d'Amiens; S. de Druon, Évêque de Terouanne; S. de Foucard, Archidiacre de

mensis Archidiaconi; S. Warnerii, Taruennensis Archidiaconi; S. Warmundi, Cameracensis Archidiaconi ; S. Clarboldi, Pincerne ; S. Theoderici, Dapiferi ; S. Rengoti de Gandavo; S. Anselmi Calvi; S. Rotberti, Advocati ; S. Johannis, Advocati; S. Walteri Duacensis ; S. Hugonis, fratris ejus ; S. Radulfi Tornacensis ; S. Widerici Tornacensis. Ego Balduinus Cancellarius subscripsi. ✠

Collationné.

PORET.

FINIS.

Noyon; S. de Warnere, Archidiacre de Terouanne; S. de Warmunde, Archidiacre de Cambrai; S. de Clarborde, Échanson; S. de Thiery, Maître d'hôtel; S. de Rengot de Gand; S. d'Anselme-le-Chauve; S. de Robert, Avoué; S. de Jean, Avoué; S. de Gautier de Douay; S. de Hugues son frère; S. de Raoul de Tournay; S. de Wideric de Tournay. Soussigné par moi Bauduin, Chancellier. ✠

TABLE.

A.

AGRANDISSEMENS.   9, 19, 21, 25, 26, 29.
Antiquité au Raspuck.   118.
Archives de la Préfecture.   125.
——— de la Mairie.   93.
——— des Hospices.   85.
Arsenal.   59.
Artillerie (Direction de l').   59.

B.

Bapaumes (les).   63.
Bibliothèque publique.   98.
——— particulières.   135.
Bleuets (les).   62.
Bonnes-filles (les).   81.
Bourse (la).   65.

C.

Cabinets de tableaux.	135, 136.
Canaux.	65, 67.
Canonniers sédentaires.	131.
Casernes.	60.
Chefs de famille,	3.
Cirque (hôtel du).	130.
Citadelle.	52.
Collège.	97.
Collections particulières.	135.
Commerce.	150.
Commerce (Chambre de).	2.
Conclave (Salle du).	91.
Conservation des hypothèques.	3.
Conservation forestière.	3.
Corps-de-garde.	60, 66.
Cours.	3.

D.

Dépôt du Muséum.	116.
Deûle.	41, 42.
Diligences.	149.
Douanes.	147.

E.

École d'instruction de l'hôpital militaire.	134.
Écoles académiques.	97.
Écoles dominicales.	86.
École de Stappaert.	81.
Esplanade.	57.
État-Major.	58.

F.

Fêtes de l'Épinette.	12, 13.
Foires.	151.
Fort St. Sauveur.	46.
Fortifications.	40.

G.

Gendarmerie.	3, 60.
Génie (Direction du).	59.
Grand'Garde.	60
Grand'Place.	60, 65.
Grand'Magasin.	128.

H.

Haras.	3.
Hôpital militaire.	61.
Hôpitaux.	77.
Hôpital St. Sauveur.	77.
——— Comtesse.	63, 77.
——— général.	63, 82.
——— Gantois.	81.
——— Vieux-Hommes.	81.
Hôtel des Monnaies.	127.
Hôtels (principaux).	153.
Hôtel-de-Ville.	90.
Hospices (administration des).	82.

I.

Intendance (hôtel de l').	124.

J.

Jardin Botanique.	119.
Journaux.	152.

L.

Lieutenant général de Police.	2.
Loterie Royale.	3, 146.

M.

Magasin principal des Hôpitaux militaires	62.
Maillotte.	23, 84.
Manège.	57, 61.
Manufactures.	148.
Marchés.	3, 64, 66.
Marché aux Poissons.	66.
——— au Beurre.	66.
Médailliers.	136.
Messageries.	140.
Mont-de-Piété.	87.
Musée.	114.

N.

Notices Biographiques.	154.

O.

Oost (Jacques Van-).	72.

P.

Paroisses.	70.
——— Saint Maurice.	70.

Paroisse Saint Sauveur.	71.
——— Sainte Catherine.	73.
——— Saint Etienne.	74.
——— la Magdeleine.	75.
——— Saint André.	75.
Places.	3, 64, 65, 66.
Pont neuf ou Royal.	68.
Population.	3.
Portes de Lille.	40.
——— Saint André.	40.
——— Gand.	42.
——— Roubaix.	44
——— Tournay.	45.
——— Paris.	47.
——— Béthune.	50.
——— la Barre.	51.
Poste aux lettres.	137.
——— aux chevaux.	139.
Poudres et Salpêtres.	59
Préfecture (hôtel de la).	125.
Prisons.	61.
Prud'hommes (Conseil de)	2.

R.

Réverbères.	65.
Rubens.	73, 114.
Rues.	3, 64.

S.

Salle de Spectacle.	121.
——— du Concert.	123.
Salpêtre (fabrique de).	59.
Sièges de Lille. 1.er en 1128.	7.
——— 2.e en 1213.	8.
——— 3.e en 1297.	14.
——— 4.e en 1667.	27.
——— 5.e en 1708.	30.
——— 6.e en 1792.	38.
Société de Sciences et Arts.	133.
Synagogue.	132.

T.

Télégraphe.	129.
Temple des Protestants.	132.

Titre de la Fondation de St. Pierre. 208, 209.
Tribunaux. 2.

V.

Vandyck. 83, 115.
Vieux-Hommes (les). 81.
Vuez (A. De). 91, 92, 116.

W.

Wamps. 73.

Fin de la Table.

A LILLE,

De l'Imprimerie de Mme Ve Dumortier,
rue des Manneliers, (1817.)

NOTE

De quelques Livres qui se trouvent chez MALO, Libraire, à Lille.

La sainte Bible, contenant l'ancien et le nouveau Testament, traduite en français sur la Vulgate, par Lemaistre de Saci, nouvelle édition ornée de 300 fig. gravées d'après les dessins de Marillier. Paris 1789 à 1804, 12 vol. grand in-8.°, veau fauve dentelle, dorés sur tranche.

Pandectæ Justinianeæ, in novum ordinem Digestæ : cum legibus Codicis et Novellis, quæ jus Pandectarum confirmant, explicant, aut abrogant. (Auctore Pothier.) Parisiis 1748-1752, 3 vol. in-f.°, veau marbré.

J. Voet Commentarius ad Pandectas. Hagæ-Comitum, 1734, 2 v. in-f.°, v. marb.

Nouveau Commentaire sur l'ordonnance de la marine du mois d'août 1681, par R.-J. Valin. La Rochelle 1760, 2 vol. in-4.°, veau marbré.

Œuvres de Cochin, contenant le recueil de ses mémoires et consultations. Paris 1751, 6 vol. in-4.°, veau marbré.

Plantes de la France, décrites et peintes d'après nature par Jaume Saint-Hilaire. Paris 1808, 4 v. in-4.° papier velin, fig. en couleurs, cart. à dos de maroquin rouge.

P. Zacchiæ Questionum medico-legalium; editio nova, curâ J. D. Horstii. Lugduni 1726, 3 tomes, 1 vol. in-f.° basane.

Theatrum machinarum novum, per G. A. Bocklerum. Coloniæ-Agripinæ 1662, in-f.° fig., veau brun.

La Science des Ingénieurs dans la conduite des travaux de fortification et d'architecture civile, par Bélidor. Paris 1739, grand in-4.° fig. veau marbré.

Histoire de la guerre des Alpes, ou Campagne de 1744, où l'on a joint l'Histoire de Coni, depuis sa fondation en 1120 jusqu'à présent, par le Marquis de St.-Simon. Amsterdam 1769, grand in-f.°, cartes demi-rel.

Manuel Typographique, utile aux gens de lettres et à ceux qui exercent les différentes parties de l'art de l'imprimerie, par Fournier le jeune. Paris 1764-1766, 2 v. petit in-8.° fig. et port., broc.

M. Tullii Ciceronis Opera. Cum Optimis exemplaribus accurate collata. Lugd. Batav. ex officina Elzeviriana 1642, 10 vol. petit in-12, veau fauve filet doré sur tr.— *Nota.* Le tome IX contient le traité de la consolation.

Homeri Ilias et Odyssea, et in easdem scholia, sive interpretatio Didymi; cum latina versione accuratissima. Gracè-latinè. Amstelodami ex officinâ Elzevirianâ 1656, 2 vol. in-4.°, veau brun, dorés sur tranches. — *Précieux exemplaire de la bibliothèque du grand Racine, qui l'a revêtu de sa signature.*

L'Iliade et l'Odyssée d'Homère avec des remarques, précédées de réflexions sur Homère et sur la traduction des poëtes, par Bitaubé. Paris, Didot, 1787, 12 vol. in-18, portraits, papier velin, maroquin rouge, tabis, mors de maroquin.

Le même ouvrage, papier fin, veau écaille, doré sur tranche.

Q. Horatii Flacci Opera interpretatione et notis illustravit L. Desprez, in usum Delphini. Parisiis 1691, 2 vol. in-4.° veau marb.

D. J. Juvenalis Satiræ ad codices Parisinos recensitæ lectionum varietate et commentario perpetuo illustratæ à N. L. Achaintre. Parisiis, F. Didot 1810, 2 vol. grand in-8.°, papier velin, fig. avant la lettre, brochés.

OEuvres (complettes) d'Évariste Parny. Paris 1808, 5 vol. in-18, grand papier velin, veau rouge gauffré, dent., dorés sur tr.

OEuvres (complettes) de Jacques Delille. Paris 1802 à 1812, 18 vol. grand in-8.°, fig. papier velin, cart. à dos de maroquin rouge.

Jérusalem délivrée, poëme traduit de l'italien, (par Lebrun), nouvelle édition enrichie de la vie du Tasse, ornée de son portrait et de 20 belles gravures. Paris 1803, 2 vol. in-8.º papier vel., fig. avant la lettre et avec la lettre; veau porphyre rouge, dentelle, doré sur tranche.

OEuvres dramatiques de N. Destouches, nouvelles édition précédée d'une notice sur la vie et les ouvrages de cet auteur. Paris 1811, 6 vol. in-8., pap. velin, fig. avant la lettre, cartonnés à dos de maroquin rouge.

OEuvres de Crébillon. Paris, Didot l'aîné, 1812, 3 vol. in-8.º pap. velin, fig. de Peyron, cart. à dos de maroquin rouge.

Les Aventures de Télémaque par Fénélon, imprimerie de Monsieur, 1785, 2 vol. grand in-4.º papier velin, fig. de Tilliard, maroquin rouge.

Les mêmes; Paris, imprimerie de Monsieur, 1790, 2 vol. grand in-8.º pap. vel., figur. de Marillier, veau fauve gauffré.

Contes de Boccace; traduction nouvelle, augmentée de divers Contes et Nouvelles en vers imités de ce Poëte célèbre, par Lafontaine et autres, par Sabatier de Castres. Paris 1801, 11 vol. in-8.º papier velin, fig., cartonnés à dos de maroquin rouge.

Les OEuvres de François Rabelais, augmentées de la Vie de l'auteur et de quelques remarques sur sa vie et sur l'histoire, avec l'explication des mots difficiles. (Elzevirs), 1663, 2 vol. petit in-12, veau brun.

OEuvres de Plutarque, traduites du grec par Jacques Amiot, avec des notes et des observations de l'abbé Brotier. Paris, Cussac, 1783, 22 vol. in-8.º papier d'Hollande, fig. avant la lettre. — OEuvres mêlées de Plutarque, tome VI. — Table des matières des Hommes illustres et des OEuvres morales, 2 vol. Paris, Cussac, 1804-1805, papier velin. Ensemble 25 vol., maroquin rouge à compartiment, doublé de tabis, mors de maroquin, reliûre de Bozérian. — On a ajouté à ce magnifique exemplaire 64 portraits des Hommes illustres, dessinés à la plume par Dortu; et dans le tome XXIV on a réuni les 63 médaillons avant la lettre, gravés par Delvaux pour l'édition de Duprat-Duverger.

OEuvres complettes de Lafontaine, précédées d'une notice sur sa vie. Paris 1814, 6 vol. grand 8.º papier velin, fig. avant la lettre et avec la lettre, cartonnés à dos de maroquin rouge.

D. Erasmi Roterodami Colloquia nunc emendatiora. Lugd. Batav. ex officina Elzeviriana 1643, petit in-12, veau fauve.

Lettres de Madame de Sévigné à sa fille et à ses amis, nouvelle édition, par Grouvelle. Paris 1806, 6 vol. in-8.º pap. vel., portraits avant la lettre, cartonnés à dos de maroquin rouge.

Imago primi sæculi Societatis Jesu, à provincia Flandro-Belgica ejusdem Societatis repræsentatæ. Antuerpiæ 1640, 1 vol. in-f.º, fig., veau brun.

Histoire des Juifs écrite par Flavius Joseph, traduite par Arnaud d'Andilly. Bruxelles, 1701, 5 vol. petit in-8.º grand papier, fig. de Van-Orley; veau marbré.

Le même ouvrage papier ordinaire, broc.

Histoire et Chronique mémorable de Jehan Froissart, reveu et corrigé sus divers exemplaires par Denis Sauvage. Paris 1574, 4 tomes reliés en 1 vol. in-f.º, velin.

Chroniques d'Enguerran de Monstrelet, commençant en l'an 1400, où finissent celles de Jean Froissart, et finissant en l'an 1467. Paris 1586, 3 tomes reliés en 1 vol. in-f.º, velin.

Histoire du Roi Henry-le-Grand; composée par Messire Hardouin de Péréfixe. Amsterdam, Elzevier, 1661, petit in-12, veau brun.

Jurisprudentia heroïca, sive de jure Belgarum circa nobilitatem et insigna. Bruxellis 1668, in-f.º, fig., veau brun. (Exemplaire complet.)

Recherche des Antiquitez et Noblesse de Flandres, par Ph. de l'Espinoy. Douay 1632, in-f.º, fig., (avec la table générale des matières) veau brun.

Histoire de l'art chez les anciens, par Winkelmann, traduite de l'Allemand, avec des notes historiques et critiques de différens auteurs. Paris an II, 3 vol. in-4.º fig., bas.

Recueil d'Antiquités Égyptiennes, Etrusques, Grecques et Romaines, par le Comte de Caylus. Paris 1752—1767, 7 vol. in-4.º fig., veau écaille, filet, dorés sur tranc.

De l'usage des Statues chez les anciens. Essai historique. Bruxelles 1768, in-4.º, fig., veau écaille, filet, doré sur tr.—Dans le même vol. se trouve: Collection de Sculptures antiques grecques et romaines, trouvées à Rome dans les ruines des palais de Néron et de Marius. Paris, Joullain, 1755, 62 pl. in-4.º

De Re Diplomatica libri VI, in quibus quidquid ad veterum instrumentorum antiquitatem, scripturam, et stilum, etc. Opera et studio J. Mabillon. Luteciæ Parisiorum 1681. —Librorum de Re Diplomatica supplemenmentum. Luteciæ Parisiorum 1704, 1 vol. in-f.º, veau brun, planches gravées.

On peut se procurer chez le même Libraire les meilleures éditions de tous les Livres classiques, français, latins et grecs à l'usage des collèges, qu'il vend à prix fixe et pas plus cher qu'à Paris.

Il tient également un bel assortiment de bons

Livres en tous genres, tant neufs que de hazard.

S'attachant spécialement aux bons articles de l'ancienne Librairie, Messieurs les Amateurs trouveront toujours chez lui différens livres rares et précieux, ainsi que les catalogues des ventes publiques qui se font à Paris et auxquelles il se charge de faire acheter par commission les livres qui lui sont demandés.

Il achète à prix raisonnable les parties de bons Livres qui lui sont offertes par des personnes connues, ou se charge de les vendre par commission au gré du propriétaire.

Il fournit au prix de Paris, et dans un court délai, *sans frais de port ni de commission*, tous les ouvrages annoncés sur les journaux, ainsi que les autres livres qu'on le charge de faire venir de la capitale; et n'exige aucune rétribution, s'il ne peut pas procurer ces articles.

www.ingramcontent.com/pod-product-compliance
Lightning Source LLC
Chambersburg PA
CBHW070529170426
43200CB00011B/2371